카누에 오신 성자

Hijo de Dios que vino a la canoa

카누에 오신 성자

발행 2023년 5월 1일
지은이 윤춘식
펴낸이 박수정
발행처 도서출판 카리타스
등록번호 제 3-144호
주소 부산광역시 동구 중앙대로 298
전화 051)462-5495
ISBN 978-89-97087-67-9

카누에 오신 성자

윤 춘 식 지음

序詩 1

오로라

주위는 초록
다슬기 차림으로 불타오르고
나는 하얀 설원 위에 춤추는
따뜻한 복사꽃을 보았다

폭풍 속에 날아온 학鶴
족두리처럼 너울거리는
천사들의 영혼
완벽한 어둠을 몰아내고
꼭두새벽 이전에야 승전가
높이 부르는
불수레의 목소릴 듣는다

더 잃을 것이 없는
경이로운 회상이여
그것은
신선한 공기와 숯불이
타고 있는 그대의 눈빛이었다

태양에서 들려오는
돌개바람과 작은 빛의 약속
우리는 영원한 하나

미션과 언어

- 계 14:6 / 시 19:3

모든 나라를 위해
모든 종족에 의한
이방인의 방언을 다오
세상 백성에게 전해 줄
소통의 언어를 다오

언어는
그대로 하여금
영혼을 정화케 하고

지나온 시간을
마음껏 들여다보게 하네
멀고 먼 땅끝의 앞날이 열려
미래의 언약을 맛보게 하네

미션의 최종 미션은
오직 미션을 끝내는 것이니 …

목 차

다섯 번째 만남 : 시문학 & 문화

주제의 흐름과 시선 모으기

열대의 강물에서 들려오는 카누의 모터 소리는 활기차다. 나는 그 추진음을 부활절의 종소리로 듣는다. 카누는 살아있는 강의 움직임이다. 열대의 강물을 차고 나아가는 공동체의 교통수단이다. 적도의 우림지대를 넘어 정글 속 강물을 거슬러 오르는 단단한 카누는 구원을 약속하며 찾아오시는 성자의 은유와도 같다. 엠베라Embera 부족민의 조상들은 스페인의 총칼 앞에서도 인간적인 항거와 자연에의 적응력을 전수해 주었다. 나는 그들만의 삶의 도전이자 이동수단이며 생계 방식인 카누를 조명해 보고 싶었다. 이전의 작품집 『풀잎 속의 잉카』에서도 표현했듯이 본서에서도 라틴 인디오의 열정이 그들의 영혼에서 묻어난다.

이번 6집은 '기쁜 망고'로 표현해 보고자 했다. 그렇지만 제 5집의 제목을 『슬픈 망고』로 펴내었기에 너무 목적 지향이라는 생각이 들게 되었다. 이것이 『카누에 오신 성자』로 정하게 된 배경이다. 그러기에 이번 선집은 '슬픈 망고'에 관한 소재의 변화요 회복이다. 푸름과 태양의 주황빛이 어우러진 희망찬 망고로써 독자들을 정글에 머물게 하는 자력磁力을 선보이게 될지도 모른다.

망고꽃을 본 사람이라면 그림이 그려지겠지만 그 꽃은 제왕의 모습을 갖고 있다. 원주민에게 망고는 한 끼의 요기이며 탈문명지대에서의 위로이다. 위로란 심신의 안정 상태를 의미한다. 망고의 자생 환경과 거기 거친 터전을 딛고 개척하며 의식주를 꾸리는 인디오의 생활상을 모르고서, 무작정 "망고 맛이 좋다" 하면서 먹기만 한다면 이러한 먹음의 행위는 야만스러운 모습으로 보일 수도 있을 것이다.

나는 평소의 산행에서부터 명산의 등정에 관한 체험 등 삶의 철학을 담고 시적 파토스를 노래한다. 그리고 팬데믹의 코로나19를 다루는 시가 몇 편 나온다. 코로나는 일상에서의 좋은 단어인 '대면'(Encounter)이라는 말을 아주 이상한 언어로 바꾸어놓은 본체이다. 여기엔 정부도 정치도 한 몫을 했다. 나는 몇 편에서 이른 봄의 새싹을 바라보며 얼음 속에서 박차고 나오는 꽃을 대면하는 형식으로 감염 바이러스에서 벗어나기를 염원하고 있다.

끝으로 대학원 강단에서 선교와 문화인류학을 지도한 주제로 접근하고자 했다. 고향과 어머니를 그리워하는 원초의식은 지속되는 정서로 나타난다. 본 작품집의 주제는 페스티벌 의식과도 같다. 시의 독자들은 열대 정글에서 풋풋하게 익어가는 〈기쁜 망고〉의 정서를 만날 수 있을 것이다. 모두 다섯 만남(5부)으로 해설을 써 주신 한국크리스천문협 최세균 회장님께 감사의 말씀을 올린다. 이국적인 이미지에 대한 통찰과 국내에서 널리 알려진 산정에 도달하는 시정詩情을 필력으로 풀어내기란 결코 녹록지만 않았을 것이다. 더불어 부족한 이를 위해서 여섯 권의 선집을 발행한 예영커뮤나케이션과 금번 카리타스 출판사에도 주님의 축복이 함께하시기를 기원한다.

첫 번째 만남

카누에 오신 성자 Panamá

달과 카누

영혼을 사랑해 보았는가?
인디오의 영혼은 아무도
억누를 수가 없다 어둠마저도

카누에 부딪치는 저 물결
부서지고 부서지고
발사강에 들국화 송이처럼 별빛 튄다
인디오의 서러운 강물엔
눈도 내리지 않는다

풀잎 하나에도 파편은 있어
인디오의 열정이 들꽃 속에 휩싸이고
토양 한 줌에도 그루터기는 살아있다

하늘은 달무리로 돋아나
강물엔 카누만이 따가운 여름밤을 흐른다
너그럽게 물거품을 내어미는
달빛 속의 카누
격조 높은 인디오의 얼굴

* 발사강 Rio Balsas : 파나마 동부 사비사yaviza에서 콜롬비아 국경 쪽으로 흐르
  는 강.

자유

계절엔
통치기구가 없으니
아침 저녁
노을의 질서 속에
행복하고

새들에겐
정부政府가 없으니
하나님께서 즐거이
아침을 먹여주신다

카누에 오신 성자

– 고난주간 헌당식 미션

고난 받은 하루
뼈저린 창 자국 상처가 저물면
아리마대 요셉은
무덤을 정돈한다

누구도 머물고 싶지 않은 캄캄한 돌무덤에
환한 수의를 입은 유대인 청년
갈기갈기 육신이 어그러져도 삼일 만에
다시 일으킨 핏빛의 기적

천사들이 돌문을 열었던
여호와의 아들이 무덤에서
깨어난 부활의 아침이여

고통의 주간이 지나면
영광스런 교회 헌당의 새 시대 구령 …
엠베라 부족민은 카누를 타고

파나마 가장 동쪽
발사강 거슬러
갈릴레아 공동체로 올라가고 있었다

섭씨 41도 살갗을 태우는 정글엔
낡은 카누의 모터소리 사납게 울려
부활의 종소릴 대신하네

뜨거운 정글 땅끝까지 선포된 언약은
복음을 위해
동역을 위해
화이트 가문비나무처럼
세마포에 생명으로 물들이셨네

적도를 지나
열대의 강물
작은 카누에 찾아오신 예수

카누와 별빛

엠베라 갈릴레아 공동체는
별빛처럼 평안하네
풀잎 하나라도
저들의 것이 아닌 게 없건만
침략자들에게 빼앗긴 땅에
숨을 곳은 거친 정글밖에 없었는가

수십 미터 나무들의 키와
아름드리 안을 수도 없는
열대식물의 근육이며
수십 길 얽히고설킨 밀림의 신경들 …

엠베라 부족민이 모인 성전
블로크 벽을 지나 모퉁이엔 돌이 없구나
거기 견고하게 놓인 땀과 단단한 노동력
부족민 형제들이 카누로 마른 흙을 실어 나른
단순한 도강에
흐르는 십자가의 눈물

정글은 열대에서 숨 쉬는 보화
문을 두드리면

찾는 자의 눈동자에 열리는
초록의 열매와
흑갈색 근육의 뿌리와
자연으로 입고 마시는 무공해 창고

카누를 타고서
발사강 물길 넘어 모터소리 번지면
인디오의 영혼에 거듭나는 메시야의 자비심
하늘에는 별들이 반짝이고
창공에는 더운 공기 흐르지만
지상에 외로이 살아있는 순례의 마음엔

흰 물결에 젖은 별빛이
촉촉하게 카누의 목적지를 비춰주네

＊엠베라Embera 부족민 : 파나마 열대 정글에 사는 원주민(인디오) 파나마엔 엠
베라 여러 공동체가 흩어져 정착지를 이루고 있음. 부족의 원류는 콜롬비아로
부터 파나마 국경을 넘어 이동해 왔다. 인구분포는 다리엔주(자치주)를 중심으
로 약 3만명 거주.

카리브

– El Caribe

내가 카리브를 지난 후
마음에 숨 쉬는 섬들이여
열대의 음식이며
열대의 해안에서 춤추는
애플망고와 파인애플, 붉은
바나나 파파야와 무미한 드래곤 프루트
깜찍한 망고스틴

자마이카 옛 노예선에 장착된
아프리카산^産 녹슨 족쇄와 눈물
해적단 셰프^{chef}들의 웃음과
평안과 기념의 잔치를 갈망하오

내가 무더운 태양을 들이킨 후
나의 동반이 된
유일한 수원^{水原}이여 –
영혼의 고독을
불변의 진리로 채우기 위해
나는 더욱 긴장하며 갈증을 느끼오

＊셰프Chef(불) : 스페인어로Gefe 헤페, 우두머리, 두목, 지도자

해변에서

– El Caribe

산호초 부서진
부드러운 해변에
햇볕이 빛을 안고
찾아온 그림자

어깨 위에서
서로를
마주하고 서 있네

손바닥엔
금새 해변의 물결이
초승달처럼 겸손히
그려지고 있었네

황무지와 태양

– 추크Chuuk족 항해

태평양
카누를 타던 항해시대 땐
미크로네시아 이웃한 마을의 이름도
서툴던 그대들

여기는 산호초 모래알 부서지는
부드러운 해변 길도 아니다
산그늘 연기처럼 길게 피어오르는
저녁밥 짓는 평화도 아니다

먼지바람 날리는 버려진 벌판에
태양마저 그늘을 찾는 외딴 섬
숨 막히는 난민촌인데
우리는 서로의 어깨 너머
고향을 그리워하는 전쟁터의
병정으로 만났으면 오죽 좋았으랴
추크족 이주민 정착촌 입구
크리스천 펠로우십 교회당 꼭대기엔
골고다를 향해 고난의 노래 부르는
강철 십자가도 더운지 숨을 헐떡인다

2019. 2. 괌 섬의 황무지 펠로우십에서

바다의 손

― 차모로Chamorro족에게

서태평양 마리아나 섬을 찾은 나에게는
그대들의 손 그림자 비치고
그대들의 뜨거운 흑갈색 발꿈치가 빛납니다
내 심장엔 그대들의 숨소리로 뛰고 있습니다

내 허파와 숨결엔
차모로의 피로 순환하며
그대들의 참담한 역사를 공기로 들이키며
카리브해에 두고 온 나의 형제들
쿠나부족의 나지막한 이름들을 부릅니다

그들은 내 두뇌의 산소로
나에게 바다빛 에너지를 공급하지만,
차모로 그대들은 푸른 호흡의 그림자만
남기고서 사라집니다
차모로족 역시 쿠나족과 같은 뉘앙스의
이파리 공예품과 몸에 붙는 바다 장신구를
만듭니다

햇빛은 열두 광주리 가득히
브니엘 단기선교팀 손바닥 안으로

파고 듭니다

기쁜 소리 가득한 바다의 물동이를 이고서
우리는 수가 우물터에 찾아간 예수처럼
그대들 섬 동네로 걸어 들어갈 것입니다

＊Chamorro족 : 서태평양 마리아나 제도와 괌 섬에 정착한 원주민.
＊Kuna족 : 파나마 동북부와 콜롬비아 북서부 연안 섬에 산재한 카리브해 원주민.

선인장 안으로

― 마야 인디오의 마음

(선인장은 가시를 먹지 않는다)
달의 피라미드 아래서
달빛에 달아오른 인디오는
자기 땅을 지키고자 선인장이 되었다
마야도 아즈텍의 후예도 아닌 채

푸른 선인장 안으로 들어갔다
사막에 꽃이 어떻게 피어나는지
바위에 어찌 물이 솟는지 알고 싶었다

너무 높이 올라가면
하늘이 보이지 않는다고
벽돌과 역청으로 바벨탑을 쌓았던
시날 평지 어느 설계사가 말했지만
바빌로니아는 7층에 오르고야 신단을 다듬고
황금빛 송곳을 치켜들어 하늘을 찔러보았다
평평한지
딱딱한지
육체인지
정신인지
가죽인지

나무인지
금속인지
구름인지
모래인지

파악 찌르면 금방 피라도 터져 흐를까?
우매한 손가락엔 번개치듯 긴장이 멎었는데
태양의 피라미드 계단을 밟고 내려온
원시림의 해골도
돌그릇에 담겨 씨앗처럼 뿌려진
붉은 심장도
벌떡이며 엎드리며 선인장이 되었다
선인장 가시에 찔린 인디오의 눈물이
다시 선인장이 되었다

침략자를 막아낼 길이
가시밖엔 별 도리가 없었다

뜨레스 센사시오네스

– 세 가지 센세이션스

산타 마르타 해변에 서면
거기 붉은 종려 까페가
보일 것이다

하얀 모래밭 너머
아루아꼬 부족 커플의
건장한 팔뚝에선 시에라 네바다
고원의 바람이 불어오고

유리창에 오르내리는
화려한 요트들은 열대의
미세한 석탄 먼지에
연일 불평할 것이다

대서양은 아는 듯 모르는 듯
발 아래서 출렁이고
귀에 남는 말
아침식사 때 올린
아레빠스arepas의 맛이 어땠어요?
마음에 남는 말
까페의 맛은 말일세

원두의 향기나
바리스타의 법칙이 아니야
그건 까페나무가 거의
없는 아시아 극동 사람들 말일세

하우스의 환경
깨끗한 물 그리고
주인의 좋은 인심이야

처음 듣는 말이라
기억에 새기기로 했다
세 가지 센세이션스
그대들도 그 붉은 종려 까페에 가면,
아루아꼬 부족의 팔뚝에선
스페인 해군에게 저항했던
선명한 피바람이 일고 …

언제 그랬냐는 듯이
주인의 친절한 정성을
마음에 새길 사람들 드나들 것이다

검은 전설^{leyenda negra}과
하얀 전설^{leyenda blanca}
어찌 까페떼리아에서 뿐이랴

맹그로브^{mangrove} 숲

염분을 먹고도 숨 쉬는 지구
서른네 개의 뿌리를 가졌기 때문이다

　　공기와 손, 소금의 정화
　　진흙의 뿌리
　　하늘빛이 통과한
　　물속 왕성한 그늘엔

불붙은 이끼와
맹그로브 게蟹들의 천국
물고기들 집 지어
밤이면 시온^{zión} 꿈을 꾸네

아, 안데스의 만년설이 사라져
여름은 열병熱病으로
저리 앓고 있는데
수중궁궐, 사람이 없는
저곳 만은 오염이 없기를

------

*스페인어 mangle, 7월 26일은 〈국제 맹그로브 생태계 보존의 날〉

태양과의 전쟁

– 아루아꼬Arhuaco 부족

Ⅰ

태양은 오늘도 그들을 공격했다
피부가 타고
살갗이 열기를 받아 익을 때도
태양 중독은 아니었다

그들은 비오는 날을 기다려
복병이 되어
태양을 기습하기 시작했다
때로는 나무아래 피신하며
바위 뒤에 몸을 숨기면서
야습은 없었다

태양을 정복하는 이들만 살아남는다는
시에라 네바다 고원엔 비가 내리고
그들 착한 영혼의 아루아꼬 부족은
태양과 화목하기 위해
화해의 조건으로 태양을 굴복시켜야
했다

아직은 스페인 군대의 말발굽이
그들의 삭신을 짓밟고 지나가기
전이었다

II
그들은 태양을 향해
몸을 자랑하지 않았다
황금을 캐는 팔뚝
다이아몬드를 줍는 찬란한 눈빛
푸른 주석 같이 단련된 허벅지도
그들은 게릴라가 아니었다
야습은 하지 않았다

그들은 오히려
비오는 날을 기다릴 줄 알았다
산맥의 정상을 지붕으로 삼고
모든 촉촉한 삼림은 집터를 지켜주는 창틀과
기둥들이었다
비는 그들의 신이 내리는 축복이었다

정정당당히 싸워 태양을 정복했기에
태양은 제자리를 지키고
아루아꼬 부족은 태양을 품고
태양은 인류와 화합할 수 있어

그들은 행성의 주인공임을 공포하며
태양과의 불평등을 극복할 수 있었다
아직은 스페인 군대의 사냥개들이
그들의 가족과 이웃을 향해 입 벌리며
으르렁거리기 전이었다

Ⅲ
그들에겐 바나나 잎으로
만든 자연산 마스크도
에메랄드빛 멜라닌을 지키는 습성도
종려나무에서 걸러낸 선크림도 휴대할
까닭이 없었다
카리브의 파도와 천혜의 요새인
장엄한 산맥의 폭풍이
백의를 걸친 그들의 피부를 지켜주는
동료였다

태양과의 화해는 오로지 정복하는 길뿐
몸을 분해하듯 자랑하지 않고서도
그들이 유일하게 승리할 수 있는 것은
태양 앞에서의 선전포고
태양과 겨루는 정당한 전투
그들은 비겁하게 밤중에 공습하지 않았다
저녁은 가족을 지키는 수단이었다

그들의 균형 잡힌 강성한 신체에는
검은 황열도 베이지색 모기도
이미 적군이 아니었다
코카 잎을 씹는 아군의 얼굴에
시원한 코카 엽차 한 잔을 권하며
먼 훗날 화석이 될 만한 모기에게
내어주는 순수한 피 한 방울이
무어 그리 대단했을까?

인류를 태양과 화친케 하며
습격함으로써 지켜 화목제물이 되는
행성에서의 거대한 전략이
조용히 비오는 날을 기다렸다면
그리고 태양을 공격할 수 있다면
그들의 유일한 무기는 건재한 심장과
투창과 함성과 가죽 북을 두드린
손발이었을 것이다
태양을 베개 삼아 낮잠에 빠졌던

그들에게도 자유와 평등의 언약체계는
필연이었다
태양과 화친하며 모기와 붉은 독충 속에
살아갈 때도
시에라 네바다 고원에 통나무로 집을 짓고

옥수수와 감자를 길러 그들의 수호신에게
경배하면서도 …
태양과의 화친만은 일생의 과업이었던
아루아꼬 부족민의 경이로운 일생

아직은 스페인 군대의 총칼이
그들을 욕보이지 않았던 시대,
이베리아 반도 끝 대서양이 시작되는
지브롤터 해협의 극한 전염병이
그들을 병들게 하기 전날이었다

---

*Arhuaco 부족 : 콜롬비아 북부 산타 마르타 소재(카리브연안), 안데스와 분리
고립된 시에라 네바다산맥에 집중된 타이로나(Tairona) 문화의 후손이며 치브
찬(Chibcha) 語를 사용하는 원주민이다. 필자는 2014년 7월 가브리엘 마르께
스 문학기념관을 탐방한 후 이 부족민 마을에 들렀다.

바다가 만드는 손

내 손바닥엔 바다의 그림자
발바닥엔 복숭아 빛 발꿈치
내 심장엔 바다의 숨소리로 뛰고

수직의 에너지는 온몸을 돌아
혈액으로 다시 순환하네
내 허파에 바다를 들이키니
두뇌의 산소가 모두 그대라네

바다가 만드는 손엔
푸른 호흡의 그림자가 살아있네

햇볕은 싸리 광주리에 담긴 채
손 그림자 안으로 찾아드네
바다의 물동이를 이고서
그대 손바닥에 마음껏 부어주네

흑진주

파나마에서 카리브의
자마이카를 생각하며
흑진주 꿈을 꿉니다

언젠가는 흑진주 섬을 돌아
진주처럼 아래 위가 반듯한
오랜 생명의 신비한 카리브를
눈앞에 보며 …

오늘의 두려움과
고독과 역경이 없는 곳
숨 가쁜 프로그램도 없이
오랜 섬들과 따뜻한 손을 잡고서
한 세상 조용히 일주한다지 …
내 생애 동안엔 그대뿐이니

서러웠던 섬들의
이노크 아든Enock Arden도 떨쳐버리고
다시는 잃지 않으리
내가 그리움을 등진다면
차라리 눈 감고 편안히

땅 속에 누워 있겠네

젊디젊을 땐 아름다움도 소홀했건만
시련을 이겨 온 지금은
더 빼앗기지 않는다고 했다지

동굴에서 꾸었던 천로역정의 꿈을

흑요석

– obsidian

그대로 말하자면
조국의 돌이요
조국으로 말하자면
갱분의 돌이로다

코비드19를 조심스레
비껴
형제들과 함께
얼굴과 얼굴을 처음 맞댄
5월의 마지막 주일 예배
그 마주친 눈빛에
흑요석의 거울이 비치네

시골 소백 산자락 아래
시냇가에서 주운 돌
어느 화산의 용암이 이슬에 녹아
마야와 아즈텍을 꽃피우다
면면綿綿히 연마된 천연 광택의
무결정체일까
쉽게 주운 시에라레온의
다이아몬드가 믿기지 않는다

옛 현인은 황금 보기를
돌 같이 하라 하였건만
오늘 나는
식물 향기 흐르는 물가에 서서
각진 흑요석 보기를
다이아몬드 보듯 하네

---

*갱분 : 강변

세미한 음성
- a brief sound of silence 왕상 19장

붉은 늑대 떼가
소요하듯 두려움의
화염이 몰아친 후

새 하늘의 고요한 음성은
엘리야를 차가운
굴속에서 불러내었네
갈멜산의 영광은
폭풍과 지진과 불꽃에도
다시 없었네

오직 세미한 음성만
산들바람 따라 불어 오는
- a gentle wishper
온화한 주님의 음성이었네

호렙의
떨기나무가 불탈 때
가지엔 불붙지 않았던
모세 앞의 신비스런 영험靈驗이 …
엘리야의 중재로

주께선 한 나절 미풍으로
말씀해 주셨네

그리스도가 엎드려 땅에다
처음 글을 쓰시기
9백년 전, 시내산 자연의 바람결에
속삭인 말씀이었네

하늘의 순례자들

하늘 길 나그네들은
땅에서 순례하지 않는다

호반의 새들
바닷가 도요새들은
짧게 짝을 찾는다

여름 볕에 그을린
분주한 풀새 소리,
세 계절을 그릇에 새긴
늙은 토기장이의 달구어진
손바닥 파도

건너 섬 일몰은 숲속으로
저녁 소제素祭드릴
시간인가 보다

모르고 있는 것

너와 내가
모르고 있는 것
바다의 색깔만
바다가 아니라는 것을

너와 내가
모르고 있는 것
하늘의 색깔만
하늘이 아니라는 것을

숲은
한낮에 반짝이고
저녁 바람에 물들며
우리를
숨 쉬게 하고 있음을
너와 내가
모르고 있는 것
하루에도 몇 번이나
찾아와
벗이 되어주고 있음을

강물의 재회

1
어머니 태에서
갓 피어난 햇살이었다
그대 얼굴이
바닷가 백사장에서
이글거리며 나에게 달려왔지

까만 고요가
정원의 꽃잎들에 내려 박힌
저녁 별빛이었다

그대 영혼이
먼 기억의 처마 끝 기왓장처럼 다가와
사랑보다
기다림의 지붕이 더 뜨거웠었지

2
번쩍이는 낫으로
절망을 베어내랴
가난한 마음으로 같이 길 떠나자꾸나

오늘밤 주막 없이도
마음은 취했는데
물 한잔인들
어찌 믿음을 모르리

천진무구했던 무공해 시절이
우리에겐 율법인 양
금기였으므로 행복이었네

신학자

그는 현실과 역사의 가치관 속에서
끊임없는 불평등을 마다하지 않는 존재이다

어떠한 상황이나 물질 앞에서도
자신이 섬기는 하나님을 위해
성령의 조명 안에서 필체를
바꾸지 않는 지혜의 사람이다

신학자란 무엇인가? 그는 새로운 지식의
굴레에 빠지지 않고 영적 이스라엘의
구속사 통찰의 경지에 다다를 수 있는
혜안을 가진 현자이다

그는 현재를 살면서 과거와
미래를 복음 안에서 통합할 수 있는
탐구자이며, 바벨의 방언들 사이에서
구원의 메시지를 명확하게 설교할 수 있는
언어 표현의 능력자이다

불의 신학

- 고신·총회 70주년 기념시

오순절에
화재를 일으킨 약속
불탄 다락방에는
연기 한 점 없이
호렙산 가시 떨기나무 때처럼
삼위일체가 방화범이셨네

　　불씨는 처음 본 사람의 것
　　짓밟든지 피우든지 …

심지에 담아가 꽃피우는 자
임재를 체험하며
빚진 마음으로 일어나리니
다락방 너머 땅 끝까지
그의 나라를
계승하라 말씀하시네

어린이 날
예수 컬러

무지개가 7색깔이면
세상에 일곱 가지 색이 있다고
창조주는 세상을 여실 때
예비해 두셨지

나는 예수 한 색깔만
좋아하고 살았었네

칠면조가 7색깔이면
세상엔 일곱 가지 색이 있다고
창조주는 세상을 여실 때
예비해 두셨지

나도 7색 중 하나였음을
예수의 한 색깔 이전에는
왜 몰랐을까?
누님이 첫 월급 받아
사다주신 크레파스
연한 파스텔 톤으로 그려보고
차콜 파이어 질감으로 그려도
보고

세상엔 12가지 카멜레온 색이
있음을 창조주는 벌써
교훈하고 계셨지

나는 그분의 한 색깔만
좋아하며 살려하네

아마존은 알고 있네

- 고/안승렬 선교사 예찬가

초록의 잔디 아래
말없이 묻혀있는 사람
꿈속에서도 그리던
맑은 생명수 물가로 떠나간 사람아

하얀 양들이 사는
목자의 본향으로 길 떠나갔으나
아직은 우리 가운데 살아있으니
살아서 요단강 물위를 건너는 그대여

지상에다 생명을 두고 가네
소명의 선교는 끝나지 않았다네
마나우스의 비밀인 그대 눈물을
아마존은 알고 있네
그댄 아픔을 토하지도 않고
웃으며 떠났네
돌아서서 다시 웃고 …

모르는 것이 너무 많지만
그대는 비밀을 남기지 않았네
다 주었기에

더 내려놓을 것 없네
삶의 고요한 피리를 불어다오
감각이 아닌 보다 고귀한 열정으로

그대의 영혼이 늘 말했던
곡조 없는 노래로 들려다오
진실한 밀알이 되어
우리들 가슴에 심겨졌으니

* 부인 유리에(일본계 브라질인 치과전문의)와 자녀들이 있음. 2012년 5월, 그의
부친과 함께 콩고냐스 묘소 방문.

무지개 송어

보라 ! 무지개 색 겹줄 띤 얼굴과
날카로운 지느러미
민물 송어답지 않은 오렌지 빛과
은빛 퍼득이는 유선의 몸짓을

눈 녹아 차디찬 파타고니아 적막한 호수에
강렬한 파이팅을 뽐내며
유유할 수 있는 물속의 강인한 꼬리를 …

나는 남미에서 이토록 치열하게
어부로서 선교하고 있었는가?
쉼 없는 순발력을 지금도 지니고 있는가?

트로피는 받지 못해도
기록을 세우지는 못해도
멀고 먼 길, 2만km를 더 건너서
안데스 산맥 최남단까지
미션 원정을 떠났었다면 …
과연 북해도 원호遠湖 낚시꾼
스기사카보다 더 착념했는가?
28년 동안 그대가 쓴 재정이

총 얼마였던가?
28년 동안 그대가 밟은 땅이
대략 몇 평방킬로미터였던가?
그리고
그대가 먹고 소화하고 마셨던
음식이 몇 정보의 삼림을 키워왔는가?

그대가 축복한 시내산과
오순절의 말씀이 바다를 이루었는가?
그대가 뱉어낸 주워 담지 못할
욕설과 저주가 강물에 흐르고
있지는 않은가?

물고기 한 마리 잡아 방생하며
저렇게 두 손을 공중에다
쭉 뻗고서 기지개 켜는 이 있다면 …
그댄 영육간의 제단 위에
얼마나 많은 영혼을 올려놓고
남극 빙하가 떠나갈 정도로
눈물 흘려 함성을 질러보았는가?

땅 끝 고독한 호숫가에서
낚싯줄 하나 던져
저리도 머리 끝 소름 돋도록
집중하고 있는데

그댄
28년 동안 무얼 했는가?

빙벽에서 깨어나
다시금 갈릴리의 낚싯대를
챙겨보지 않으련 …

＊스기사카 : 홋카이도(ほっかいどう) 아칸호수의 무지개송어 낚시전문인이며 아
르헨티나 최남단 파타고니아 빙하 호수에서 무지개송어 82.3cm를 낚아 세계기
록 경신.

두 번째 만남

로스 안데스 Los Andes

하늘엔 별들 총총

사비사까지
1시간 정도 남았는데
하늘엔 별들이 총총

옛 사람들은 별자리를 보고서
방향과 길흉을 점쳤다하나

달빛이 향기로이 내리는
강물 거슬러
카누는 기진맥진한 듯
밤길을 더듬고

하늘 향한 내 마음엔
오직 인디오 형제들 뿐이니
그대들에게 가는 길
저 별들은 알고 있어
부활절에 인디오 아이들
나를 기다려
다시 사신 주님을
더욱 사모하게 만드네

빠블로 네루다의 시편

– 마음의 노래

바다를 항해하는 당신의 가슴은
내 마음에 충만하고
두 날개도 자유로이 만족합니다

내 뇌리에서 잠든 당신의
영혼이
하늘에 닿을 것입니다
매일의 환희는 당신 앞에서
꽃잎에 이슬처럼 도달합니다

당신은 당신의 부재와
더불어 수평선을 부서뜨리고
파도와 동시에 함차게 비상하고 있습니다
나는 당신이 소나무와
돛대처럼 바람 속에서 노래한다고 말했습니다
당신은 키 크고 담백하며 순진합니다

그리고 당신은
매일의 여행자인 양 탐색으로 인해
안데스 산맥을 넘고
오래된 길처럼 편안합니다

메아리와 그리운 목소리가
당신을 다스려 줍니다

나는 깨어 있어
당신의 영혼을 들여다보지만
당신 안에 잠든 새들은 갑자기
균형을 잃고 달아나고 있습니다

이것이 당신의 시詩를
좋아하는 사람들조차
당신을 숭배할 수 없는
이유입니다

꽃과 별의 다름

꽃이 제 자리에서 필 수 있는 것은
밤낮 자신의 외형을 보여주기 때문입니다
꽃은 말하지 않고도
사람들이 지나갈 때마다 은밀히
내숭을 떱니다

별들은 밤낮 보여줄 수 없어
보步 이동을 합니다
세상 어둠을 밝혀주기 위해선
사철 내 제자리를 지킬 수 없지만
꽃들은 자기밖에 몰라
어둠을 비출 수가 없습니다

꽃들은 서로 자신의 어둠을 알기에
꽃 중에 아무도 꽃을 좋아하는 꽃은 없습니다
사람들은
하늘에서 비춰주는 밝음보다
못내 찾아가 만져줄 때
그것이 더 아름답다고 말해 줍니다
냉랭한 별빛 보다 곁에서 불러주는 꽃이
더 화려한 까닭입니다

까페나무 1

태양의 맛을 마시는
한 잔 까페 안에
멋진 중년 신사여
13살 난 인디오 소년
마르셀로의 눈물이
젖어 있음을 잊지 말라

까페 잔을 앞에 놓고
사랑이 어떻니
설탕이 어떠하니
로스팅 기술과 바리스타가 어떠니 …
아페리까노의 색깔이 어떻니
에스쁘레소의 향이 어떠니 …
어떠니, 어떻니, 어똔노?
혀와 말로 논하지 말라
한 잔 물의 이온수 측정과
끓이는 법의 까다로움에도

그대가
까페를 마시고 싶다면
어린 인디오 소년이

열대의 1,600미터 고지에 올라
하루 $4불을 받고자
갈대 광주리에 든 까페 콩이
다치지 않도록

소년은 자신 보다 더 소중히
까페나무 뿌리를 밟으며
까페 콩을 따고 있음을
기억하라

그런 경건한 땀방울이
원두에 배어나 까페의 잔이
더 향기로움을 잊지 말라

까페나무 2

– 슬픔

황금 이슬 맺힌
신비한 태양의 나무에
금빛 피부를 가진
아이가 목을 매고
나뭇가지 끝엔
까페콩 대신
황금 캐는 아이들이
줄줄이 매달렸네

값이 나갈 때
혈관은 열려 착취당하고
아름다울 때는
가꾸어보지도 못한 채
슬픔이 찾아온다네

하루 종일
두 광주리 채우려고
학교를 쉬고
해발 1,600 미터 고지에 오른
어린 인디오 마르셀로
찢어진 신발이

미끄러지다
$4불을 벌려다 …

빵 가게가 있는
메르까도 안 옥수수 향기 밴
좁은 길을 그리다 …
아이는 까페콩 가지를
놓치고 말았네

황금빛 전설에 귀 익은
열세 살 까아만 아이는
엄마와 떨어져
저기 따갑게 익어가는
까페콩 가지에
붉은 꿈처럼 걸려 있네

---

* mercado : 시장

꽃들의 전쟁 1

바벨탑 이후
인류는
흩어져 소경이 되었지만

꽃들은 언제나
제 토양에 돌아와
보금자릴 만든다

꽃줄기의 손들을 모두 펴
계절마다 찬양하며
오색 하늘의
영광을 올려드린다

온 지구가
사회적 거리를 두라고
다시 바벨 평지에서
스스로 탑을 쌓을 때
그들에겐 소경이 없다
흐르는 바람과 신선한 공기
따스한 햇볕과 지표를 적시는
물기와 포슬한 흙

팔레트^{palette}의 물감으로 키워주시는
창조주의 손길이 닿으면
맑은 눈들 오롯이 열어
눈동자로 노래한다

꽃들의 전쟁 2

핀 꽃들은 제 자리 박혀
자신을 지킨다
가꾼 꽃들은 이동하든지
팔려가든지 한다
이도 저도 안 될 때
꽃들은 서로 전쟁을 일으킨다

꽃과 꽃 사이의 전쟁이 아닌
매일 똑 같은 소리만 하는
인간 뉴스를 향해
듣지 않겠다고 저항 전쟁을
선포한 것이다

그래서 그들에겐
오늘의 뉴스가 없다
미디어를 언론이라 부풀리지도 않는다
흐르는 바람과 신선한 공기
토양의 손길이 닿으면 무조건 행복하네

꽃 속의 얼굴

얼굴을 가린 채
너울 쓴 꽃들 –
아무도 손대지 않은 채
보호 받을 수 있다면
그 순수의 힘
처음 여문 꽃받침을
엉겅퀴가 훔쳐보면 어떤가

꽃의 뿌리만 고요히
지켜낼 수 있다면

라 플라타 강江의 고백

– 흐르지 못하는 강

나 흐르지 못하다가
바다와 몸 닿으면
단일의 피로 섞이지 못하는 인디오의 피처럼
대서양과 어울리지 못하네

고뇌와 씻어지지 않는 죄과를
성당 미사에 흘려보내려 해도
나 흐르지 못하는 강이 되었네

내 속에 아우성치는 분노의 빛
타인의 욕망 때문에 씻을 수 없는 황토빛 구토
허파와 내장까지 헹구고 싶으나
내면에 차 있는 강, 끝내 흐르지 못하네

 '가라 차루아스' Garra Charruas 전통을 따라
목구멍에 녹아나는 '엘 도라도' el dorado 의 환상
바람 같은 황금은 어디 있는가?
아직도 라 플라타 강은 금을 찾고 있는가?
보물지도는 수백 년 산맥 너머 노을처럼 파도치고
인디오의 마음은 소리 없이 강물 깊이 썩어만 가네
인디오의 피눈물을 퍼먹고 자라는 강

피는 가루가 되어 공기 중에 방황하고
강의 자양滋養은 인디오였다

스페인 병사의 녹슨 총구는 강 하구에 잠들고
칼은 강바닥에서 잃어버린 황금빛이 된다
칼을 녹여 수은을 건지면
은銀은 가벼이 사라지고, 인디오의 기침소리 도도하다
스페인 졸부들의 노래는 탱고처럼 일어나
흰 종아리 비스듬한 황금춤을 춘다

스페인 장교가 품었던 찬란한 강물은
구토를 씻지 못하고 으르렁거리고 있다
그럴수록 강은 수평선으로 기울고
수평선엔 반짝이는 소떼들 풀을 뜯고
소떼들은 역사를 아는지 금빛 지평선에 즐비하다
스페인 병사들은 날마다 강물을 정제해 마시고
황금에 미친 관리들은 물결만 일렁이어도 놀라
햇빛 아래 더 머물길 원했던 눈먼 한 낮
해가 지면 습한 달빛에
금도 함께 녹아나던 라 플라타 강이여!

'콜론' Col'on은 식민지 백성을 달래는 '떼아뜨로' Teatro
위로의 극장, 사람들은 에덴을 찾아
정장을 하고는 콜론에 들어가고 싶어 했네

강은 알았을까?
금새 불타는 장교들의 오만을
정말 알았을까?
나침반 양침에 부글거리는 인디아스의 불륜을 …

길은 골목 얼굴마다 은판을 깔고
강은 사방 수평선에 노련한 은판을 싣고
은으로 된 스키장을 달리고
은빛 공중에 은실로 짠 연을 날리네
천국보다 더 좋은 황금알을 품고
천국보다 더 빛나는 엘 도라도가 거기 있네

라 플라타 강물은 평생 씻지 못할 죄를 지고
죄 있는 자를 위해 중재하기로 했네
언젠가 메시야가 이 땅에 다시 오는 날
오백년 더러웠던 황토를 토하고
피의 가루들을 다시 제자리도 돌려 화해하고
헐몬산 계곡에 흐르던 깨끗한 물로
11월 초순의 내장산 단풍보다 더 밝은 물의 근육으로
새롭게 흐르게 하리

나쁜 습관에 물들어 손톱을 깨무는 라 플라타 강이여,
너의 뱃길을 따라 중상주의를 팔아먹고
자본주의에 찌들린 풀죽은 네 모습을 보는가?
팥죽 쑤듯 첨벙이는 자줏빛 욕망을

'마뿌체' Mpuche는 저항하고
'차루아' Charrua도 방어하고–

오늘 라 플라타 강변에 모여서
흐르지 못함을 한탄하지 말고
흐르지 못한다고 비웃지도 말며
다시 밭을 일구는 선량한 인디오가
되어야 하리

안데스산맥 암벽 아래로 정직하게
흘러가는 물이 되기 위해서
너 마음을 다해 고백하는 라 플라타 강이여

새벽 언어

수도원 숲 속엔
매미소리 맹렬하고 새벽공기 상긋하여
송진은 흘러 넘치는도다

기도를 마치니 숲은
어제의 숲이 아니로다
오솔길엔 찬양으로 가득차
내 발 앞엔 여호와의 영광으로 무궁하나니 …
다시 새 노래로 여호와를 찬미하라

일어나 빛을 발하라
내 백성을 위로하라
광야에서 길을 예비하며
사막에서 물길을 내리라 ;
여호와의 입이 외칠 때
모든 육체가 그것을 함께 보리라

여호와의 종이여!
주저하지 말라 일어나
주의 백성을 위로하라 깨어라
말씀의 빛을 발하라

그는 궁창에 앉으시며 숲 위에 거니시나니
피곤한 자에게 능력을 주시는구나
무능한 자에게는 힘을 더하시구나

여호와를 앙망하는자여,
이 새벽에 새 힘을 얻을지니
독수리가 날개치며 올라감 같으리로다

열대와의 재회

1.
어머니 태에서
갓 피어난 햇살이었다
그 얼굴이
바닷가 백사장에서
이글거리며 나에게 달려왔지

까만 고요가
정원의 꽃잎들에 내려박인
저녁 별빛이었다

먼 기억이 처마 끝 기왓장처럼 다가와
사랑보다
기다림의 집이 더 뜨거웠었지

2.
번쩍이는 낫으로
절망을 베어내랴

3.
행복을 맛보았으니
가난한 마음으로 같이 길 떠나자꾸나

오늘밤 주막 없이도
마음은 취했는데
물 한잔인들
어찌 사랑을 모르리
천진무구했던 무공해시절이
우리에겐
금기였으므로 행복이었네

알곡이 베임을 받을 때

주인의 낫에 알곡이 베임을 받을 때
논과 볏단은 향기로운 어머니 내음을 풍겼다

그때도 흔들수록 알곡은 안으로 들고
쭉정이 속절없이 바깥 어두운데서
불붙고 있었을까?

내 영혼
그 날이 오면 주인의 오른 손 안으로 들까
바깥에서 슬피 바람에 날리는 겨와 같을까?

귀향 후,
가을 타작마당을 준비하시던 아버지의
아로마aroma가 나락 사이로 짚단 사이로 …

유년의 추수 들판
황금 탈곡기 회전 소리 공상공상gongsang_gongsang
논두렁의 갈바람 타고 잔잔히 불어온다

조지 오웰

– 비보悲報

조지 오웰의
'1984' 년을 읽다
예전豫典으로 선 보여 준

정치와 위선
과거에로의 조작과
현재의 시나리오
미래의 독재자를 잉태하기 위한
또 하나의 지상적 혁명이 …

덧없는 정치를 기억나게 맹글며造成
떠나는 사람 그냥 떠나보내는
서울시의 침통한 정오
하늘색 결단의 블랙 상자에서
검은 비가 내리는 날입니다

그리스도께서
해답을 가지고
자기 땅 서울에 찾아오신
가랑비입니다

무대
– 무대가 되어 함께

게는 바다를 무대로
두 팔을 벌려 꽃바구니를 만들고
장미의 미소는 꽃바구니를 무대로
가장 자리에 핀 꽃잎처럼
빗금으로 젖혀져 귀밑까지 웃는다

그댄 나를 배경으로
오페라의 무희가 되어
허리가 가녀린 무대 위에서
원을 그리며 꽃바구니 모양을 만든다

내 머리 속에서 춤추다
기다리기 힘들어
맨 먼저 나오는 그대 설렘의 언어
색칠한 배경이 아니면
무채색 영혼이 올라와
또렷한 작은 무대가 되어준다

재스민을 만드신 손

작은 운석이
우람한 다이아몬드가 되고
작은 개울을
큰 바다로 만드는 손

작은 꽃송이가
아름드리 정원이 되고
작은 골짜기를 창공으로
만드는 손

그 보다 더
재스민 꽃송이를 만드신
향기로운 손

솟구치는 하늘 장막이 열리면
별과 달빛을 은은히 쏟아내는 손
정복자가 아니어도
겸손한 자에게만 열리는
장엄한 우주의 혈관

그분의 손이
먼저 와 닿으면
흉흉한 물결도 수평선을 건너
위로의 품안으로 헤엄쳐 온다

랭보와 단테를 읽다

〈지옥에서 보낸 한 철〉 랭보의
시를 읽다가
나는 나도 모르게 지옥에 가 있었네
모든 아픔은 관념일 뿐이었지

지옥에서도 별들은 저만큼
떠돌다 떠돌다
살랑거리며 떨어졌지

터진 주머니 사이로
지옥은 새어나가고
정의에 항거하며 집을 나간 탕자는
빈 몸으로 되돌아오고 있었지

〈천국에 다녀온 단테〉
희곡을 읽다가
나는 나도 모르게 천국에 가 있었네
술에 취한 이는 한 사람도 없이
모두들 온전한 정신에
오로라 빛 광선을 발하고 있었지

천사장의 오메가 나팔소리
초록 바다의 신성한 물결이여
그곳엔 신의 약속을 받은 이들만
얼굴에 비트 빛 태가 돋나니
아침을 머금은 포도주 봉한 가죽부대는
터질 듯 춤 추려므나
밤낮 열흘 동안 서로 축복해 주었지

모진 겨울바람 하나 없이
연인들은 스웨터도 벗고
따뜻한 봄날의 미래를 속삭이고 있었네

피에타

- Pieta

수난 당하신
마지막 걸음엔
채찍이 버려져 있네
둥근 저녁달은
갈보리의 핏방울

소백산맥 위
떨리고 아픈 달빛 고요타

바다는 동정녀
마리아의 품
십자가에 달리신
참담했던 아들의 시신을 받으셨네

못 박혀 엉긴 핏방울
통곡의 눈물로 절제한
그 품에 안으셨네

끝없는 배움

나의 관심은 아카시아목 실제 뿌리를
사흘간 캐내는 것이었지만,

저들의 관심은 싯딤나무皁角木로
하나님의 증거 언약궤를 만드는
작업이었습니다 출25:10,13

출애굽 이동과 행군 중에 무슨 키가 곧은
우아한 나무를 발견할 수 있었겠습니까?
저들은 선택의 여지없이
우선 눈에 띄는 나무여야 했습니다
열대의 태양 아래서 내구성이 강해야 했고,
척박한 곳에서 가벼워야 했습니다

나는 아카시아 30여 그루의 천근성 뿌리를 캐내면서
징그럽다 말했으나, 저들에겐 광야에서 만난
생명 은유의 나무였습니다

나무에 관해서 좀 아는 분들은 한국형 아카시아와
그곳 황무지에서 몸이 뒤틀린 싯딤은 질적으로 다르며
화색도 다르다고 왈가왈부 하겠거니와

제가 배운 것은 그것이 '가볍다'는 것이었습니다
레위인은 위한 배려였지요
피할 길이 있을 때 그 광야의 시련은
가벼운 법입니다

그분의 위대한 섭리였습니다

열대에서의 기도 1

나는 비상구 쪽으로 갑니다

천국 창고를 여는 열쇠는
내게 맡기셔도
기도하는 노동을 통해
우레와 같은 찬송이
우러나오는 단단한 숫돌에
아멘의
칼날을 갈게 하소서

무릎으로 가는 길
기도 없이 이룰 수 없는
삶의 항로에 …
비로소 내 무릎 위에서
주님의 뜻이 이뤄졌음을
알게 하소서

열대에서의 기도 2

아버지여
추워하며 살게 하소서
이불이 얇은 자의
시린 마음을
잊지 않게 하시고

돌아갈 수 있는
몇 평의 방을
고마워하게 하소서

겨울에 살게 하소서
여름의 열기 후에 낙엽으로
날리는
한정 없는 미련을 잠재우시고

쌓인 눈 속에
편히 잠들 수 있는
당신의 긴 뜻을
알게 하소서

미완성 안데스 1

– 잉카의 방목

야마, 과나코가
좁고 비탈진 산지 농장의 노래라면
비쿠냐, 알파카는 너르고 긴
고원의 울음소리

안데스산맥 인디오의
가파른 가르마엔 우수憂愁를 빗는
목장의 묵직한 소리들이
햇빛으로 반사된다

미완성 안데스 2

– 케추아 언어

한 줄로 가지런히
머리를 땋아 내린 께추아족

띠띠까까 호수 위를 걸으며
균형 잡힌 손놀림으로
카누의 노를 젓는 아이마라족

쿠스코 산정 아르마스 광장에
– 야와르 빠라
– yawar para
붉은 빛의 비가 내릴 즈음

록사나 끼스뻬 꼴란떼스는
사라진 잉카의 시편들을 채집해
케추아어로 쓴 서정과 논리로
최초의 문학박사 학위를 받고 있었다

자신의 언어를 자신이 지키기 위해

＊Roxana Quispe Collantes : 케추아족 (페루, 산 마르꼬스 국립대학에서 2019년 10
월, 세계 최초로 자신이 사용하는 부족어로 논문을 쓴 학생에게 박사학위 수여)

에탄올 눈물

- 계 7:17

눈물, 에탄올 눈물
시리고도 매운 눈물이여

누구의 3층천에서 떨어지는
별빛이더뇨
누구의 투명한 유리병 속에서
녹아내리지 못한 채 흩날리느뇨

눈물이 씻기어지더냐?
눈물이 닦여지더냐?
그리고, 늘 생각하는 그대여
눈물이 말라지더냐?

만일 그랬다면
그것은
정결한 생명수 샘으로 인도하는
경전經典이 아닌
새빨간 거짓말이었노라

그림자

유령 fantasma

네가 없는 곳으로 걷고 있다
불이 꺼지면
순식간에 세계가 달라지듯이
유령의 몸도 몸이기에
처음엔 맑은 웃음이었지
유리 같이 흰 이마를 덮은
속담 속의 긴 머리였지

가지런히 서 있는 그림자
사격 총을 들고 새의 머리 위
꽃잎을 맞추는 그림 같은 겨냥
겨울 눈사람인가 여러 번 찔러본다
유령은 아파도 치료할 수 없기에
불치의 병을 앓은 채
온몸이 저려오는 불빛이 된다

마침내 나를 맞이하는 횡단보도
파란 신호등을 따라
묵묵히 건너가고 있었다

미스띠^{Misti} 화산 상봉의 십자가

– 해발 5,822m 분화구 위에서 Arequipa, Perú

위로부터 오시는 성령이여
내 초라한 마음에
키 큰 십자가 견고히 서서
태양을 견디고 바람에 부대끼며
설산봉 가운데 세워져 있습니다

성스러운 사랑의 불길로
순수한 하늘의 불꽃으로
햇볕도 바람도 달빛도
분화구의 고뇌하는 검정 모래와
차가운 행성들이 마주하는
별들의 노래도
당신의 영광을 위해
찬송으로 다 함께 타게 하소서

높은 정상에 우뚝 선 키 큰
십자가처럼
내 마음의 소원도
골고다 아래 밝게 세워 주소서
갈멜산의 불을 지키게 하시고
요단강 너머 가나안 땅을 보게 하소서

나 늦었지만 늦게라도
당신의 온전하신 뜻을 따르게
해 주소서

내 믿음의 행위들이
죄가 더욱 소박했던 어린 시절도
되풀이 하지 말게 하소서
다시금 은혜로 온전케 하셔서
희생이 두렵지 않게 하소서

어메이징 크리스마스

참 좋은 사람과 함께
일생을 살아간다는 것은
행복한 일입니다

일 년 열두 달 밥술을 뜬
숟가락이 무슨 맛을 알랴만
그 수저는 쓸수록 맛을 내고
당신은 알수록 서로 좋아집니다

내가 모르는 것을 알려주고
부족했던 이해를 채워주고
해 저무는 이 한 해도 여전히
친구여서 참 좋습니다

옛 것은 지나쳐 마음을 괴롭히고
어두운 날들은 우리를 누를지라도
하늘엔 별빛의 천체 미학이
정원처럼 에워싸고
땅에선 저녁 울음이 기숙할지라도
아침엔 다시 기쁨이 찾아옵니다

코비드19 일상 중에서도
베들레헴 마구간에는 올해도
어린 양 아기는
어김없이 태어나시어

다가오는 21년도 희망으로 맞이합니다

세 번째 만남

기쁜 망고 Un Mango Alegre

망고꽃

– flor de mango

낙엽 지면서
새순 돋는다

긴 가지 끝
팽팽한 긴장이
후두두 후두두 창을 던지는
신묘막측한 꽃

비우며 담고
담으며 버리는 모순의 기쁨

황금알을 팔아
현악기를 살 순 있어도
가지 끝에 달린
기쁨의 노래는 딸 수 없어

망고는 꽃필 때
열정의 설렘을 어찌할 줄 몰라
평생 한 번 절정에 오른다

기쁜 망고 1

- un mango felicidad

간밤에
은하수 줄기가 내려와
화급한 별 무더기
망고꽃이 피었네

어스름을 타고서
밤새껏 몸 씻어 꽃 피워놓고
아직 오르지 못했네
뜨거운 햇살이 있는 줄 모르고 …

멀고 먼 천체만 비추다
밝은 지상에 내려와
망고나무 가지 끝
푸르런 희망이 되었네

나무꾼과 선녀처럼
벗어놓은 옷을 찾지 않았지
어둠 속에 핀 천상의 꽃 은하수보다
제왕의 꽃 왕관이 되려나

기쁜 망고 2

여기 적도의 횡단
정글

갈 곳 없는 백성들 위해
한 끼 요기가 되어 주었다가
적막한 숲에서 깨어나
어쩌다 문명을 맛본 이후
세상 제왕의 가슴 위에
올려진

화려한
기쁨이 되었네

망고의 철학

열대 정글의 망고는
자연 은총입니다
망고는 페이지 없는 역사책
그것은 인류입니다

망고가 정글 신문입니까?
망고가 그 나라 재림하는 환상입니까?
고급 경매장에 나온
붉은 태양의 알卵입니까?

열대의 망고는
인디오 가족들의 밥상입니다
국그릇입니다 갈비입니다
창조주께서 씨앗을 에덴에
내려주실 땐 맛과 향취의
끊임없는 옛 이야기였지요
용감한 소년이자 전설이었지요

그것은 꽃이 되고
동산이 되고
뻐꾸기가 되고

옹달샘이 되고
베개가 되고
생리가 되고
그윽한 씨앗이 되고
행군할 북소리 되어
신앙이 되고
새들의 둥지가 되고
천국이 됐습니다

첫 망고는 돛을 달아
인도양을 건너고
대서양을 헤엄쳤습니다

아름다운 인어人魚들이 해변과
어촌에서, 숲에서 망고를 따
먹었다는 예언을 아는가요?
눈 내리는 겨울 대신
열대 강물에 은은히 흐르는
전설의 열매였습니다

망고가 은행입니까?
전前 천년설이 이뤄진 대륙에 …
정복한 신학자의 말을
귀담아 들어 보았습니까?
콜롬부스와 나침반과 콤파스
함대와 해도를 보았을 겁니다

그렇게 들어보지 못했다 해도
한국에선 문제가 되지 않습니다

애플 망고

– un mango de manzana

주여
주께서는 빠알간
애플 망고가 익는 때를 기다려
우리에게는
망고가 먹다 남은 붉은 여름을
보내주셨나이다

대청 선풍기는 천연스레
동남풍으로 불고
남양에서 불볕 파도를 타고
올라온 더위는
청정 진주빛 모래섬들과
산호초 산맥을 통과해

먼 북태평양 한가로운
기단을 끓이는 폭염을
몰고 왔나이다
쨍글쨍글 아무리 내리쪼여도
이곳엔 한 끼의 과일인
망고나무가 없답니다

까페나무 원두 하나
자라지 못하는 불모의 땅에
사치스런 커피 잔을 기다리며
줄 선 사람들 많으나

배추밭이 갈색으로 녹는 냉기에
뜨거운 얼음을 저장할 곳은 많으나 …
주여, 주께서는 뻐얼건
애플 망고가 지는 때를 기다려
망고가 입다 버린
붉은 여름을 보내주셨나이다

그림자조차 짧도록 홀딱 벗은
여름이 참으로 기일게
죄 없는 대지를 덮을 것이옵니다

성형 애플망고

어쩌다
열대 정글의 망고가
한반도 땅에 팔려
외형에서 내장까지
고된 노예의 문화충격을 무릅쓴다

강제로 꽂는 트임에
자연의 여름을 망각하고
비닐하우스에서
끈으로 얽어매어 가지에 묶인 애완견

고향의 흙과 토속을 잃은
나뭇가지 밑 잎새에
칼자국도 없이 …
두 뺨에 성형의 붉은 태양빛을 띠고서

발전과 개발은 누구에겐가는 상실^{喪失}
모질기도 하여라
숨막히게 매달려 있다

히아신스

－병문 visita a lecho de enférmo

그대 행복하면
꽃잎들은 깨어나고
그대는 쾌유되리

밤의 한 조각
어둠에 버려져도
낮의 한 조각
하늘이 달려와도

하얀 시트 위
한 주간의 히아신스
너를 바라보면 …

불같은 겨울
냉랭한 여름철에도
숨막히는 아침나절
생명의 꽃은 피어나리

내가 꿈꾸는 세상
종말의 나라에선
히아신스 꽃 피어나면

병상은 강건하고
그대 행복하면
나 또한 기쁨일다

목련꽃

수채화 한 송이
화가의 선연한 물감으로도
순백의
넋을 붙들진 못하네

겨울 동안 열기를 앓은
엘 니뇨^{el niño}의 바닷물이
봄볕에 반사되어
고요히 균형 잡힌 꽃봉오리들

저기, 조신하게 차려입고서
직무에 나선 예각의 얼굴을
보라
흙 속에서 옷깃 여미다
짧은 하늘로 솟아오른
찬란한 향기도
까닭 없이 부서지고 마는 것을

벚꽃 필 때

우리 만남 벚꽃 필 때냐?
벚꽃이 눈 뜰 때
우리의 만남은 하필 소프라노
웃음들 틈에 들키고 말았는가

3월은
열 눈을 다 떠 보아도
맞이해 줄 사람 없어
왕관 쓴 코로나 철새들만
가지 끝에 무성하고 …

하늘이시여
꽃잎은 홀로 피고 지고
봄비에 젖은 마음
얇은 빛을 흩뿌려 향기 날려도
그 사람 오지 않네

텅 빈 바깥으론
옷깃 한 솔인들 내보내지 않으리
그 사람 내년에
손 씻지 않고도
데리러 올 때까지

벚꽃이 피고 지네

– 다시 수난 2021

얼음 풀리자
고목들의 숨소리 신선했다
살아있음에 노래하는가?

홀연히
봄비로 내리는
아슬아슬한 춤
하늘이 베푸는
꽃잎의 하얀 백신[vc]이여

아픈 세상을 치유하기 위해
누군가의 발걸음에 앉아
가벼운 돌비늘이 반짝인다

에펠탑과 벚꽃의 기도

– corona 19

박쥐가 말합니다
하나님, 잘못했습니다
낙타가 말합니다
하나님, 잘못했습니다

야생살이 몇 안 되는 이름 낯선
천산갑이 말합니다
하나님, 잘못했어요
그 뱀이 말했습니다
하나님, 진실로 잘못했습니다

하나님은 계속 아무런 말씀이
없습니다
그래도 뱀은 알아들었다는 듯
고개를 끄떡입니다

머언 도시에서
길이 끊긴
에펠탑은 묵묵히 지켜봅니다
250만 개의 리벳이
손을 모아 기도합니다

(저 무쇠구조물이 무슨 기도를 할 수 있을까?)

하지만 삼백여 개의 계단을
걸어 윗층 전망대에 오르면
세계의 사람들이 다 보입니다
에펠탑은
손등에 저녁 촛불을 밝혀
눈가에 종소리 울려옵니다

이윽고
봄이 돌아왔습니다
인류의 봄은 4월의 집터마다
핑크 마스크를 두르고 섰습니다
250만 개의 리벳보다 더 많은
꽃눈을 감고 기도합니다

〈우리가 우리에게 죄 지은 자를 사하여 준 것같이
 우리 죄를 사하여 주소서〉

아직 푸른 뼈대도 갖추지 못한
작고 얇은 벚꽃들이 속삭이 듯
말했습니다
"중보기도 중입니다
내년에 오십시오"

복사꽃

1.
입 다문 사월의 눈꽃
낯가리시는 어머니 품에
동면했던 가지마다 살며시
무덤이 열리네

열일곱 살
순정어린 봉오리에
노을처럼 붉은 봄이 저물면
온몸
달구어 복사꽃 피네

2.
사월아 헬로우,
냉기 풀린 이슬에 햇살이 든다
복사꽃이 필 시간

가지 아래 그늘만 져도 조신한
발자국 소리
개화 향기 내게로 오는 소리인가
사월아, 책장 넘기듯 물소리가 들린다

잠들다 베개만 높여 베도
은밀히 물결치는 소리
도화 향기 내게로 오는 소리인가
풀들도 봄날엔 잣나무 같이 올곧으니
복사꽃이 필 시간인가 보다
까페떼리아 테이블보 유리엔
햇살에 반사된 얼굴

화려보다 더 귀한 것 화목한 도화의 향기
사월아 헬로우,
이웃들이 착하니 사그락 별들 한껏 돋는다

복사꽃이 필 시간
하늘 바깥에 세워두지 말라는 간절한 기도
밤새 다가오는 향기에 복숭아꽃 열린다

이슬방울 1

– 3.1 절 만세 사건

이슬방울 속엔
깊은 협곡도 있고
오각형 미소 짓는 바다도 흐릅니다

하늘 끝이 닿은 붉은 수평선 위로
오메가 횃불이 타 오릅니다
어디선가 가파른
성산포 언덕을 오르는
새벽녘 일출소리 들려옵니다

오 솔레 미오 O sole mio
수직 이슬이 불러주는
눈빛을 바라보며
나는 동그란 거울이 될 것입니다

나의 부름 앞에
대답하는 말보다
글의 문체는 더욱 부드럽고
그대의 문장보다 음성이
더욱 차분한 그대가 서 있다오

그대 등 뒤로 애절히 파인
시선어린 하얀 살결
태어날 때 묻은 파란 이슬이 맺혀있어요

격조 높은 만세 소리에는
주고 받는 시차도 없이
열 두 광주리 가득히 봄이 오는 날
만세 소리 더 높이
채워주고 있지요

이슬방울 2

– 강물의 재회

물에는 뼈가 없습니다
우리는 이슬방울로서
속이 다 보이도록 주고받으며
가득히 흘러 왔습니다

풍파 중에도 야곱의 세월은
물 흐르듯 그렇게 지나갑니다

뼈가 없으니, 심장을 가려 줄
가시가 없습니다
마음만 훤히 드러내고서
서로 부딪쳐도 아파하지 말고서
마주하는 눈빛으로 위로하며
넉넉히 흘러 왔습니다
얕은 곳에선 비상하며
높은 곳에선 공손히
뛰어 내리기도 합니다

만나고 헤어져 그리울 때면
절망 높은 능선을 그으며
넘실거리고

시간은 물총새의 목소리로
물푸레나무 가지에서 오각형의
노래를 불렀습니다

헐몬의 설원이 흘러내려
갈릴리 호수를 채우 듯
이슬은 넘치지 않습니다
힘겨루기를 하지 않지만
마침내 땅을 정복합니다
샐러드 날들^{salad days}은 속히 지나가고
나는 평안한 보금자리에서
숨을 거둘 것입니다

우리들 수명의 날은
생명싸개 보자기에 모래알 같이 많고
이슬방울은 순전한 가지에서
밤을 보낼 것입니다
수중에는 영광의 화살이 가득하고
입을 열어 가르칠 때
제자들은 잠잠할 것입니다

형제들과 함께 할
즐거운 집이 기다리고 있기에 …

이슬에 없는 것

이슬에는 마디가 없네
속이 다 보이도록
정직하게 살라고
부딪쳐도 아파하지 말라고
오히려 하나가 되라 하네

겉과 속이 하나이니
가득한 만큼 서로를 채워주라고
갸륵한 정신에 뼈 없이도 살아있네

태초의 꽃

I
심비디움^{cymbidium}!
비록 이름 없이 조국을 떠나도
언제나 가슴 속에 멍들어지는
너 애국의 꽃인데,
눈 시릴 정도로
떠도는 평판이여

모국어의 힘줄로
그댈 만지기에도 성스러운 –
바늘에 실을 꿰어
꽃을 건져내는 터지도록 아름다운 신비여
밤하늘에 산산이 얼어붙은 별꽃처럼
뿌리는 차분히 지하에서 견딘다

II
꽃의 운명을 낱낱이 밀어 올리는
초야의 뿌리
벌써 뿌리에 눈을 뜬
지하의 지혜는 경이롭다

꽃을 본 사람들은
바보처럼
지상에서만 놀라워했다

Ⅲ
온갖 색으로
태양과 달빛이 우려낸
염색의 환희도
태초의 사랑이 그려낸
난초꽃만 못하다

삼라만상을 다 포개어도
우주를 닮은
네 얼굴엔 손댈 수 없구나

Ⅳ
카타콤을 나온
1세기 기독성도들처럼
숭고하도록 고통스런 꽃

바라는 실상보다
더 견고한 믿음은
카타콤에 두고 온
뿌리 때문이리라

영혼으로 숨쉬는 꽃
신神은
너를 천상의 춤으로 만들었다

물매미
– 계곡에 부쳐

계곡물 흐르는
웅덩이에 이른 봄
나뭇잎 하나 미끄러진다

흘러가고
끌려들어가고
흘러오고
끌려들어오고

서로가 무거운 느낌이라고는
하나도 없어 보였다

독경하는 계곡의 아침에
나와 동행하는 물매미
흘러가고 끌려들어오고 …
그러다 떠돌고
서로가
무거운 느낌이라고는 하나도 없었다

매미 맴맴

집이 없는 자들은
정확하구나
집이 없으니 길이라도
반듯하게 알고 떠나야지

노래할 때와
짧게
울어야 할 때를 알고
때가 되면
돌아 설 줄 아는 섬뜩한
날갯빛 매미

오랜 세월
땅 속이 모두
제 집이었다가

어느 날 문득
흙에서 깨어나
그리운 하늘을 향해
자신의 집
자기 허물을 벗은 이여

땅 속에서 15년
지상에서 15일간
8월 중순을 정점으로 울어대는
무더운 한철
자연의 전령 미물이여

혀로 노래하고 음률로 장구 치며
몸짓으로 실룩이는 네 나뭇가지
같은 운명이여

나라님 귀를 청소하여
하나님이 속삭이며 진노하심으로
선포하는 자연의 음성을 듣고서
악에서 돌이키라고
매미 맵다고 맴맴맴
쓰르라미 쓰다고 쓸쓸쓸
고추와 육모초가 우리네 밭에 많구나

매엠맴매
찌르찌르르 셔셔 매에에에 …
네 평소 노래하던 대로
네 평소 몸으로 일하던 대로
청아한
장구채를 치켜들고서 전하거라

그의 못난 머리채 위에다
번갯불로 번쩍 치켜들고 전하거라

여름 백일홍과 비

반가운
하늘의 사슬
땅의 초라한 더위를 묶는다

꽃잎들의 고요한 연결
백일홍 잠결 위로
빗금 치듯 우산이 내린다

뉘라, 나의 귓가에
저 맑은 빗소리를
담아낼 수 있는가

오늘밤 교회당 지붕엔
비둘기 같은 능금이 떨어지고
세상은 식물성 소리에
오락가락 하늘거리며 잠이 든다

가을에게

이 가을을 어찌
보내시려는가?

단풍나무 가지는
단홍(丹紅)색 머리에 흔들리고
바람은 오도카니
억새 수풀에서 멈추는
이 가을을 어찌
보내시려는가?

창조주가 우리 앞에
옮겨 놓은 가을은

홍해 물결처럼
가슴 가르며
오베자 붉도록
저며오게 만드시는데
그대, 이 가을을 어찌
보내시려는가

단풍 들 무렵

계곡은 더 이상
푸른 빛깔로
질주하지 못하네
발목에선 어언於焉
단풍잎이 흘러내린다

가지 끝
황토의 날개로 피어나는
그리운 나비 떼여

눈가에
호롱불처럼 타들어가는
유채꽃有彩色 이파리들의
등유 타는 소리를 듣는가

가을은

가을은
하늘이 내려주는 것

여름 내 푸른 숲을 딛고
산정에서 카랑하게
기도하던 단풍나무
저기 붉은 가지 끝에
가파르게 내려앉은
가을을 보렴

그대의 것도
내 것도 아니지만
산비둘기가 택한
미래 언약을 위해

살아있는 단풍잎의
복숭아 빛 부드러운
발꿈치를 그리며 …

누이야,
저기 붉은 가지 끝에
내려앉은 날개달린
가을 좀 보렴

기다림

비가 내립니다
서슬 아프도록 푸르게 기다리던
단비가 내립니다

하늘이시여
마음으로 기다리던 것이
눈앞에 내려앉을 때
일편단심 버선 바람으로
달려 내려가 맞이할 수 있는
한 소절의 시편을 쓰게 해 주십시오

원망 없이 반성하고
맘속에 간추려 둔 초심初心을
꺼내어 쓸 수 있도록

간밤 문간에서 기다리던 이 영접하듯
그렇게 한껏 비를 내려 주십시오

허공

내가 너를 부르면
멀리서 들려오는
산새의 울음

내가 너를 만나면
너는 신기루처럼
의미가 된다

비 오는 날 만나면
물방울이 되고
꽃 피는 날 만나면
씨앗이 되고
낙엽 지는 날 만나면
색깔이 되느니

네가 나더러
날 사랑하는 증거를 대라 하면
널 사랑한
명징한 의미밖에 없다

내가 너를 만나지 않으면

네 언어는 종일토록 우울하다
우리 바람 부는 날은
만나지 말자

바람 부는 날,
내 손 안 사무친 계곡에서
의미는 날려가고
비로소 네 앞에
사랑이 시작될 테니

아가 雅歌

내 유년의 소꿉 얘기를
들려주면서
너는 나의 어린 신부가 되었다

무수한 젊음의 시간이 지나
그리움이 완성될 즈음
너는 다가와 나의 어린 신부가 되었다

연을 날리기 위해
아이는 겨울 강바람 차가워도 연을 띄우고
연실蔦絲에 아교와 색을 먹여 유리가루를 입히면서
아이는 세상에서 처음으로
색깔을 선택했노라고 힘주어 말할 때
네 앞에서 신이 났다면
사랑하고 있는 것이니

너의 손을 잡고서야
나는 내가 아닌 둘이 되었다
둘이 다시 미래의 손바닥을 맞붙여
가냘픈 허리로
우린 하나가 되었다

우린 편안한 한 몸을 이루고서야
비로소 사람 다니는 길로 나왔다
길이 없을 줄 알았던
길의 끝에서 길은 다시 열리고 있었다

거기 거룩한 그 길에 …
이야기의 강물소리 흐르고
이야기의 별빛이 반짝이고
이야기의 향기가 이슬에 맺히고
이야기의 모종삽으로 흙을 파
거기에 꽃씨를 심기 시작했다

그 길에서는 유치해도 잃어버리지 않았다
솔로몬도 갈색 피부의 술람미를 만날 땐 유치했고
현종도 양귀비를 만났을 땐 유치했다는데
클레오파트라도 안토니우스에겐 유치했느니

사랑이 유치하지 않다면
어찌 유년의 슬픈 기억에 웃어줄 수 있으며
어찌 유년의 기쁜 기억에 눈물 흘리지 않으리

우리들 교회 유치부의 슬픈 얘기며
우리들 교회 유치부의 기쁜 얘기를
들려주고 들으면서
우린 얘기 속에 편안한 한 몸을 이루었고
너는 나의 어린 신부가 되어 있었다

자작나무 숲

자작나무 숲에 가 닿기도 전
나는 먼저 숲을 보았다
힘들게 오르는 아득한 골짜기
가슴에도 돌 속에도
허연 몸의 긴 종아리를 뻗고서
하늘로 비상하는 길이 보인다

숲이 혼란한 신경으로 단풍들기 전
나는 자작나무에게서
마지막 초록의 신비를 보았다
빛이며 그림자며 숲속 소리만 남는다

사람들이 하나 둘 모여들다 사라져도
자작나무 숲은
초심으로 돌아가 말을 건넨다
작별할 계절을 준비할 시간이다

"나무 안으로 들어오세요
단단하고 얇은 수피를 열고
뿌리와 혈관이 어떻게 내면을 가꾸는지
왜 열매가 맺히는지 만져보세요"

목수들이 뛰쳐나와 숲을 베지도 않건만
아직 찬바람 불어오지 않아도
자작나무는 자신의 초청이 부끄러운지
나무와 나무 뒤로 돌아가 숨는다

숲엔 하얀 발을 씻는
나무의 영혼들만 나를 배웅할 뿐
자작나무 숲속엔
자작나무들이 보이지 않았다

네 번째 만남

언약의 이미지 Imagen de Promesa

아침

아침잠에서 깨어나
종달새 소리 듣기 전
먼저 그대 깨끗한
음성을 들으면 …

엊저녁 만족했던 사랑은
다시
얼굴만 바라보아도 되네
맹렬히 불붙던 이마에는
다시 희망이 반사되네

선녀가 샤워하던
부드러운 일직선, 수직의 비율

아침 햇살에 반짝이는
전설의 강가 모래알이라든가
내면에서 완벽히 일어나는
진지함이라든가
눈 안에 넣어 더욱 그립게 만드네

딸의 아름다움

일상 필요해서도 아니다
물건의 요긴함도 아니다
사용하는 것들은
활용에 따라 가치를 칭찬하지만

도시와 바꿀
화려한 성곽과 사원寺院을 꾸민 황금 유물들도
이만 만 못하다

풍요를 비는 제의祭儀에는
옛 인디오의 목숨을 불타오르는
잿빛 연기 속 분화구에 바쳤다지만
아무도 함부로 대할 수 없는
딸 에스더의 플루트 연주
찬송의 아름다움
별빛은 고요히 밤 동산에 내려와
세상 어둠을 밝히고

딸은
할아버지와 할머니의 가계家系를 이어가고
한국과 프랑스의 영토를 공유하는

이스라엘의 형상, 하나뿐인 에스더
나의 후속 시대가
베들레헴 마구간의 메시아를 찬미하네
갈릴리의 종소리로 울려퍼지네

외손주 에단Ethan과 야엘하선하나님의 선물 Yael의
명랑한
웃음소리로 성큼 자라가네
별빛 보다
한국과 프랑스의 영광보다
더 아름답게 아버지의 나라를 비추어
주고 있네

오이코스Oikos

친구도 후배도
돌아간 지금
양평의 맑은 하늘은
저녁을 기다린다

하늘도 둥근 날개를 접고
서산으로 귀가하는 시간

그대와 나
우리도 하루해를 벗 삼고
집으로 향하는 시간

엄마 아빠가 나를 기다리시고
우리가 안주할
집이 있다는 행복

아침에도 저녁에도
형제자매 함께하는 오이코스

＊Oikos : 집 가정 오두막 그룹모임

아랑의 노래

1.
아랑을 만난 후
강물 더욱 아름답고

이 강가 대숲에
반짝이는
전설 속 정절貞節을 만난 후

파란 손가락에 아로새긴
다이아몬드
더욱 청초하여라

백년의 시간이 더 흐른다 해도
지성知性의 언약궤 위에
아랑은 반듯하게 새겨져 있네

2.
강물을 태우는 저녁노을을 보며
그리움이 불붙는 노래를 부르자
기억의 강가로 뛰어가 자유로운
물고기의 꿈을 꾸자

사람들은 옛 남천강을 떠나올 때
각자의 유년을 입혀주고 왔지

거기 꽃들은 칸나가 되어
강둑 같은 핏줄 속으로
시원하게 자라갔지

아랑의 성숙이 익어갈 무렵
모자라던 시간이 못내 풍금소리를 낼 때,
동공엔 강물이 찰랑거리며
석화石花를 키우고
초록의 물살은 머리를 풀어 반짝였다네

지지 않는 꽃이 피고
16세기의 눈동자 속으로
별들이 은하로 흐르고 있다면 …
동공 속에 비친 산천을 부르며
멀리 두고 온 바다도 부르며
봄소풍 가듯 영남루 언덕
푸른 하늘을 넘고 넘으면
강은 시간 밖으로 흐르는 법을 배웠지

강을 찾아온 낮달을 보듬으며
가나안 땅을 향한 눈물을 토하며
강물 위를 걸어가면 …

어여쁜 이마의 아득한 들판에
그리운 저녁 별 하나
소리 없이 내려앉았지 …

3.
그리운 이 얼굴 보거든
열대의 땀방울에 소금이 돋친
뜨거운 가죽 허리띠를 만지거든
내 손 위에
다른 차가운 손을 포개지 말라
시간이 흘러
내 손이 부드럽지 못하거든
까닭을 묻지 말라

물위의 발자국은
어디까지 건너 왔을까
아직은 완성된 꽃을 피우지 않아도
강물처럼 푸른 눈빛
하나만 피우면 되리

눈 똑바로 앞으로 뜨고
절망의 강물 위를 걸어 건너면 되리

---

*아랑의 이야기는 16세기 중반, 조선 명종 때부터 밀양에서 시작된다.

아랑의 노래 4

– 어느 부부교사의 어린이날

젊은 신혼의 날을
생크림 초코케익은 알고 있네

그들이 좋아한다는 걸
까페떼리아에 따라 온
다섯 어린아이들에게 들킨 날
맑은 오후의
고삐 풀린 강바람이 즐거웠네

아무런 소유도 욕심도 없는
강물에
내일도 어김없이 새벽은 건너올 테고
다섯 아이들이 어디로 갈 것인가를
묻지 않아서 자유로웠네

희망이 적을수록
더 많은 평화를 건질 수 있네

하이쿠

俳句 はいく 〈7.5.5/5.5.7/5.5.10〉

들의 백합화 보오
검정 씨 뿌려
하얀 옷 입네

숯도 한 때는
하얀 눈 내린
산정의 나무였나?

아버지 강물
어머니 구름
지나 돌아오지 않으시네

소백산

산은 우리네 문화요
스승이며 이정표입니다
곳간이며
밥상입니다
마침내 산은 안식처가
되어 줍니다

우리네 자신인
소백산의 연화봉과 비로에 오르십시오

정상에 오름만이
목적이 아니라
오르며 내리면서
창조를 배웁니다
창조주의 품에 안깁니다

성공이냐
좌절이냐의 이분법이 아닌
정복의 인내를 배우십시오

산이 있기에
개울은 강을 만들어
사시사철 풍요로운 생명들이
헤엄치게 합니다

아무도
하늘을 우러르지 않고는
산행을 이루지 못하고
아무도
허리와 목을 굽히지 않고는
산을 내려오지 못하네

하나님도
산이 좋아 호렙에 머무셨네
자신의 언약 백성을 만나시려고

산행

숲에선 나의
오르는 길 설레이고
빛과 그림자 선명하네

봄의 흙냄새
가을의 파란 하늘 너머
터널 저쪽 솟아있는 봉우리
정복해야 할 산정이라면

두려움도 협곡도
마다하지 않고
길을 만들어 오르리라

사막에 물샘이
가시밭에 장미가
화려하게 생명의 근원을 내어주듯
십자가의 높이와 깊이와
길이와 넓이가 무한하듯

가없는 영성으로 길을 만들어 오르리라

비 오는 날의 산행

비 오는 날
그대와 함께 하는 외출
소백산에 씌워 줄
우산을 오른 손에 바짝 들고
그러기엔 다가올수록 너무나 큰 산

접은 우산을 다시 펴
저기
서울시장 마지막 가는 편에
꽃상여 위에 들려나 주랴

비 개이는 시간따라
안개 따라 시냇길 따라
나도 과거와 미래로 흐르는
폭풍우 가운데 가랑비인 양
말없이 소백산길 오른다네

아무도 함부로 못 따라 오게
오름세 흔적마다 총소리도 없이
빗물이 지워주네

산정에 오르는 이유

1.
내게 친구 있으니
마운틴
아주 오래된 친구
관심 끌만한
새 인물은 아니라네
낯을 가릴 일이
전혀 없다네

산길 걸을만 하다 하고
고갯마루 오를만 하다 하네

2.
그대 자신의
영혼을 만나고 싶거든
한맺힌 그리움을
물레의 실처럼 풀어내는
험한 풍랑이
목화꽃으로 기어오르는
바위산으로 가라

얼굴에
그늘지는 마스크를 두르고
신발 끈에
오색 무지개 빛깔을 물들이고서
능선을 오를 순 없는 일 아닌가

3.
말없는 정상에 오르면
눈길 아래로
수많은 산봉들과 마주하게 될 테니

가슴속 다 토해 내고
까맣게 익은 햇볕을 품고서
비로소 어른이 되어
산정을 내려올 수 있으려니 …

숲이 녹음에 들자 바람소리 숨고
새소리 한낮처럼
자지러지게 청명하구나

산새들의 노랫말을 끊는 빗소리
한낱 더 푸른 곳에 옮기고
저 뽐내는 녹음을
한갓 더 높은 곳으로 옮기려고
바람은 비를 뿌리는가!

비와 산은 뿌리가 하나
대지 위에 몸을 올려드려
창조주를 찬양하네

치악산

- 雉岳山

산은 산 끼리
높은 뜻을 품고 산다
태백산맥의 전설을 일깨워
치악의 숭고한 꿩 한 마리
백두대간에 날고 있구나

가파른 등허리를 돌아
오르고 다시 오르는
수직 사다리 완고한 바윗길

거친 돌팍 위
암벽도 가지런히 두 무릎 짚고서
가쁜 숨을 몰아쉰다

스페인어 가능법의 어려운
불규칙 동사를 외우 듯
고지마다 리듬이 바뀌는
돌계단의 엇박자들 …

산그늘은 절벽 높이
말등바위를 점령하고

순례객 사무치는 발목 아래로
초여름 해가 지네

가을 치악산

오르는 곳이 산이려면
산행의 패션을 정하지 말라

산도 말없이 함께
등정을 원하나니
괜스레 화려한
수선일랑 피우지 말라

춘하추동
그대의 패션보다
산은 더욱 아름답고
입은 대로 신은 대로
산정에 올라 보라

간다면
오르는 곳이 산이려면
가을의 치악산은
에덴의 봄보다 더욱 화려하리니

치악산 비로봉

1.
비로봉에 오를 땐
허리를 낮추어야 한다
정상에 오른 다음엔
고개도 숙여야 한다

허리를 낮추고
몸을 떠나 위로 쳐다보면
본향의 하늘은 높고 푸르구나

비로봉이 보여주는 것
하늘은 무척 높다는 것
산정은 손 내밀어
오를 자를 부른다

멀고 험한 낙타의 길에
모두들 내려가는 것을 배우라고 …

2.
숲 속에 녹음이 들자
바람소리 숨고

새소리 한낮처럼 청명하구나
산새들의 노랫말을 끊는 빗소리

저 새소리
더 푸른 곳으로 옮기고
짙은 녹음
한갓되이 푸른 곳으로 부르는
새로운 은유들, 비가 아닌가!

비와 산은
서로 만나는 뿌리가 하나
주관과 객관이 자유롭게 만나
말등바위 위에 몸 올려
하프harpa를 타듯
하늘 보좌를 찬양하네

오대산 비로봉

가을산은 애틋하지 않다
풀잎에겐 거의 마음 주지 못하네
발길에 밟히는 낙엽의 흔적이
파릇했던 풀잎 궁전을 묻어버린다

가지 끝에서부터
야생이 시작되는 오대산
동녘의 태양은 강릉 앞바다를
거대한 오렌지 단풍잎으로 물들이고
하얀 포말들은 유리조각처럼
바삭거리며 비로봉과 교신한다

나뭇잎들은 끝까지 인내하네

자신의 피묻은 가장 자리를
마른 그림으로 다 내어주며
종일토록 숲을 치유한다

피라미드 정상에 가 닿은 듯
의연한 봉우리에 오르면

구름 위 산등성이들 사방으로 너울 …
다람쥐들은 오지랖에
그들만의 보물지도를
그리고 있을 것이다

불완전한 변종의 새여

왔느냐 왔느냐
왜 우리 집에 왔느냐?

왔느냐 왔느냐
무슨 꽃을 찾으러 왔느냐?

아 – 양배추 밭에 가 앉으면
겨울철 마지막 꽃을 피우느라
애태우는
양배추 꽃을 딸 수 있으련만

빈 하늘을 넘어
우리의 서쪽 먼 바다를 건너
자유를 찾으러 왔느냐?

겨울철 까치밥 먹는
단감나무 가지에서
마음껏 자유를 누리는
단출한 감나무 가지 끝에
붉은 연시 하나 남겨둘 수 있으련만 –

애꿎은
우한武漢의
벽오동나무 사이로
연줄이 지나간다

반기지 않는
차가운 공기를 타고
겨울철 마른기침하는
끊어진 연줄이
돌아보며 돌아보며
얼레의 실타래를 놓친 팬데믹 새여

어디메 가 앉을지
아무도 모르는
불완전한 변종의 새여 −

너도바람꽃

‐ white snowdrop

너도 꽃이거늘
지나는 초혼의 봄바람이
허리를 굽히지 않고서야
어떻게 대면하리

험준한 죽령^{竹嶺} 너머 동면의 어름골
순한 꽃술의 톱니로 자르고 뚫어
재난의 땅에 봄을 외치니

사람마다 면사포를 두른
절박한 호흡에도 겸허한 앞니를
지상에 피어 올리며
기도의 혀를 우슬초에 씻은
너 야생의 눈부신 제사장 꽃이여

우리가 지은 죄와 허물과
험난한 시국의 감염병을 네 봄꽃의
하얀 바람결에 죄다 실어가 주렴

＊절분초(wind flower)라고도 불림.
＊우슬초 : Ezov, 마조림

마스크 시즌

단풍나무 가지 끝이
홍단색 머리카락에
흔들리더니 …

어느 순간
소백산 비로봉엔 눈꽃 사냥
동해의 북쪽
서고동저의 차가운 등압선을 본다
오호츠크 해안과
베링 해협의 길쭉한
다이너마이트 저기압

오늘은 아내와
부평동 깡통시장에 나가
빨랫줄에 걸린
마스크 구경이나 해 볼까?

일본에서 건너온 물방울 실크와
디즈니 수놓인 얼룩무늬
땅 끝 브라질에서 날아온
방패연 가오리연 패션

요즘 한파엔
먼 바티칸, 지옥에서 올라온
이탈리아식
퍼플빛 마스크 해 볼까

---

*퍼플((purple): 붉은 빛이 더 강한 보라, 자주색.

목양의 교실

교실은 대초원
산야의 풀들이
창틈으로 들어와
도란도란 의자에 둘러 앉았다

어린 목동들이 뛰어 놀고
산양이 노래하고
산비둘기 날아다닌다
휴먼 팬텀human phantom과
바디스탠드와
실험 글로브가 교실을 지킨다

발목 없는 꽃들
교실에 걸어두고 싶지 않아
꽃 선물은 사절했네

걸어다니지 못하는
자유를
교실에 남겨두고 싶지 않으니 …

미래의 교실은 대초원

어린 목동들이 뛰어 놀고
산양이 노래하고
산비둘기 날아다녀
월드글로브는 세상 모든 꿈을 안고
제자릴 지켜주면 되네

발목 없는
꽃 같은 건 걸어두지 않아도
미래의 교실에선
약속이 꽃일 테니까

반지

넌 누이
난 사내

너의 생각 속에 내가 숨쉬고
난 너의 손가락을 자른다

행복한 풀꽃 반지
강물 위에
올려놓아도 떠내려가지 않고서
무엇이 더 필요하랴

예루살렘 성城
상사相思등불로 만든 시온의 딸

바위틈 낭떠러지
은밀한 보금자리에
어여쁜 비둘기가 물고 온
감람나무 새 이파리
언약 속 반지

아니베르사리오

− el aniversario (기념일)

아이 같은 마음으로 달려왔어요
종종걸음으로 달려왔어요
업혀서 달려왔어요
그댈 만나면 옷을 입으며 맘을 벗으며
버선 바람으로 달려왔어요
시를 쓰듯 흑인영가를 부르듯
찬송하며 달려왔어요
하루에도 열두 번 넘어지며 일어서며
오직 당신만 바라보았어요
청년은 기다리다 심장이 까맣게 탔어요
하늘을 보아야 별을 따지요

북두칠성 일곱 별이
마주보며 서로에게 비춰듯
우리들 열정의 틈새와 춤사위를
비춰주는 아니베르사리오

근이 원이 봉이 락이 처음 만났던
송도의 고신대학교 2월의 거리
따뜻한 팔짱과 어깨너머로 지나온 추위
그대였기에 넉넉했던

맑은 물 졸졸, 해바라기 정원이었어라
거기 오로라 만발하는 하늘이었기에
까다롭고 영민한 선지자 동산이었기에
나를 일으켜 세우시던 재능 있는 어거스틴이여
당신의 기름이었기에 가능하였어라

난초 蘭草

1
가녀린
수직의 몸매로
까다로운 듯 곡선을 이룬
조숙한 몸가짐

눈 맑고
성미 어질어
입술은 더욱 푸르다

십리길 밖에서도
가시 없이 스스로 향기 발하여
자태인줄 알게 하나니
지조 높아 섞이지 않은
위생의 꽃이여

화려한 듯 수줍고
설움마저 화사한
태초의 꽃이
바위틈 골짜기 낭떠러지에
완고한 탄력으로 피었네

2
더 뺄 수 없는
다이어트의 클라이맥스
한 치 군더더기 없이
단련된 난초의 혁명
심비디움cymbidium,
신비로운 수직의 구조여

초록 비둘기 머물다
얇게 눈물 쪼르르 …
상하반신 비율 1대 1.618
훤칠한 종아리로
금란지교의 현을 켜는 완벽함
간결한 잎새에 핀
일상 속 미풍微風당당

고난절 단어

– 두 낱말

넝쿨과 덩굴을 찾다가
고분고분한 탱자나무 울타리
가시덤불은
주검의 골고다엔 적합지 않아

시나이 반도 남단
등뼈 불거진 아카시아
질박한 가지마다 날카로운 가시채
시력이 온순해도 어느새
눈동자에 찔리는 수난주간이다

머리를 휘감지 못한 채
죄 없이 죽임 당하신
어린 양의 갈색 어깨에는
대속^{代贖}하신 선혈이 흐르네

---

*죽임을 당하신 어린 양 / 계 5:12

다섯 번째 만남

시문학 & 문화 Poesía y Cultura

물새

물새니까 그래
물새 둘이 주고받는 목소리가
교회당 종소리를 닮는다

4월에는 시냇가 미루나무
연둣물이 오르고
여명은 동터오는 봄날이니까

세찬 바위 아래
뿌리 내린 새들의 둥지
이렇게 수온은 찬 데
보이지는 않아도
물속만큼 깊을 거야
물망초 꽃인 양 동그란
치명적인 눈빛의 은총

허허로운 먼 바다가 아닌
수평선 대신
씨앗 움트는 푸른 잔디밭

너흰 어쩌면 그렇게도
목소리가 곱니?

햇살이 아직 부서지기 전
네 날갯짓 이념이 기도가 되었으면 …

과원지기

대지 위 사과밭은
사막의 정원이었소

초록과 연두색
공중에 반사되는
붉은빛 능금은
발꿈치의 부드러운 미소

과원지기는
높은 장대를 꽂아
나무의 키를 보호해주고
가지가 늘어진 사과나무엔
받침목을 세워
알찬 수확을 추구하고 있었소

저기 과원지기의 마음이
그대와 나
우리의 마음일까 하였소

목화송이 되어

황무지 태양 아래서
하얀 솜을 틔우는
이름 없는 목화송이

가장 우직한 껍질에서
가장 부드러운 의상을 토하는
흙과 씨앗의 자애로운 에너지

너희와 내가 세상에서
가장 질 좋은 면화가 되어
흙과 씨앗의 조화를 이뤄
공기 중에 강물 가운데

세계와 십자가 너머
천만 영혼들 위해
무명옷을 지어주며
몸 바쳐 일할 수 있으면 …

뻐꾸기 노래

해지는 숲 위에
저녁 빛은 다시 저무는데
뻐꾸기 남은 노래가
목을 간지럽힌다

맞은편 산에서
다른 뻐꾸기 하나
애절히 울어댄다
뻑뽀꾹 뻐꾹꼬
깨어지는 리듬
흩어지는 청각
갈라지는 숲길

뻐꾹새 혼자일 땐
청아한 소릴 내다가도
둘이면 가끔 엇박자의
리듬을 타기도 한다

건너 쪽 노랫소리
듣지 못하니 뻐꾸기도
깊은 개인 시름에 드나 보다

단풍

계곡은 더 이상
푸른 빛깔로
질주하지 못하네
발목에선 어언^{於焉}
단풍잎이 흘러내린다

가지 끝
황토의 날개로 피어나는
그리운 나비 떼여

눈가에
노랑의 호롱불처럼 타들어가는
유채꽃^{油菜花,有彩花} 이파리들의
옷 갈아입는 소리를 듣는가

---

* 유채꽃은 油菜花, 有彩花 모두 가능한 중의

단양 추석

단양 자연 속
계곡물 흐르는 곳에
우리 새집을 지어요

새 소리 울리고
도라지 캐는 곳
계수향이 퍼지는

산새들 짝지어
서로들 일하기 분주한
들녘 완만한 길옆에

밤이 오면
울타리목 먼저 잠들고
우리 집 불빛이
고요하면 어떠리

어머니

이제
어머니는 나이 들지
않으신다

아침 일어날 땐
이불에서 내가 깨워드리고
그곳은 낮이 너무 밝아
회전하는
그림자도 없으시다

앞마당에
전등불이 희미하게
졸릴 때면
어머니 품속으로
나를 잠들게 하신다

거창

88길
고속도로는 추억이 확장된
넉넉한 향수

고령 지나니
홍시 냄새가 난다
단내나던 어머니의 치마폭
벌써 묘산을 지난다

거창 휴게소에 들러
우두령 너머
가을 햇살 머금은
엔진을 쉬어 본다

휘영청 달뜨면
하늘에서도
어머니 좋아하셨던
동백꽃은 피려나

거창제일교회

- 설립 62주년 기념 주일을 맞아

1960년 12월
겨울바람이 불던 그날
강변의 돌담 아래
예배당 종소리
울려 퍼지기 시작하였지

벽오동나무 햇볕 아래서
아이들은 뛰어 놀았지
전설의 봉황은
끝내 날아들지 않았으나
약속하신 그리스도 종소리에
묻어 찾아 오셨지

고향의 정원
냇가 방천에 세워진 거창제일교회
성탄 때가 되면
키 큰 벽오동 나뭇가지 위에다
붉은 별, 밝은 별을 걸어놓았지

성문 곁 앵두나무 세 그루
삼위일체 충만한

성경책 표지 같은
빨간 앵두를 달고서

내 유년시절
눈부신 기도 위에 세워졌던
하나님의 나라여

돌들도 즐거워하고
티끌도 춤을 추던
영적 시온의 터전이여 –
내 본향집 아름다운 성소의 뒤안길에서
62년간 구령 세월이 흘러도

그 자태 그 숨결은
아기 예수 생명의 별빛으로
영원히 반짝이고 있네

고향 열무단

고향의 밭에서 만난 어머니
몸뻬일바지엔 하늘색 흙이 묻어도
열무단 하나처럼
종종 걸음으로 들길을 걸어와
나를 맞이하셨던 어머니의
상긋한 품

어머니 머리는
사철 푸르런 동백꽃의 머리카락
허리는 기울어도 거울 속에선 언제나
열무단 묶음으로 조인 허리 띠
푸른 맛깔 푸성귀로 만드시며 …

정오의 고갯길을 넘는 사이렌 소리도
잠시 취해
쉬어 갈 여름철의 푸르름

＊note : 1960년대 초 그때의 논밭엔 정오를 알리는(오포) 사이렌 소리가 울려왔다.

둔덕 마을에 가서

– 청마(靑馬)동상

우체국 없는 우체통에
나는 가브리엘 마르께스에게
보내는 엽서를 띄운다

열대의 언어로 뛰노는
스페인어의 뜨거운 어휘들을 보며
백 년 동안의 고독으로 찔레꽃은
피는데 …

보리밭 축제가 막 시작되는
거제도 둔덕 기념관에서
봄볕은 벌써 계단을 기어오르고

에메랄드 하늘이 뵈던 창문 곁에 와
편지를 쓰던 청마는
저어기 자신의 생가 바깥에서
쪽빛 잉크 먹은 셔츠를 입고
석양처럼 순하게 물들고 있네

시골의 노래

(시골로 간다는 것은
도시로 간다는 것의
반대 개념이 아니다)

고요한 과수원 주변
탱자나무 울타리엔 담쟁이와
찔레꽃이 기어오르고
그 아랜 까치집 참새의 놀이터
귀뚜라미 쓰르라미 노래 연주장

돌조각이 깔린 꼬불꼬불하던
골목길 지나면
이끼 낀 육각형 우물길로 아이들
옷자락 너풀거린다

시골에는 저마다 외갓집 외숙모
널따란 감자밭에서
호미질하며 웃음찬 하얀 꽃들을
캐낼 수 있기에 …

사랑채 앞 섬돌 층계엔
동네 노인들 위해 오리목 지팡이
몇 개 놓여있고,
처마 밑엔 마른 해바라기와
얽어맨 붉은 고추, 먼지 묻은
우거지가 봉창 사이로 보였지

앞마당엔 철따라
보리 콩 참깨 메밀을 볕에 말리고
연기 그을린 돗자리 몽근 산 아래
깔려 있던 산등성이 …

시골엔 저마다 시골다운 사람들이 있다
마을 바깥으로 나가 본적
없는 토박이들은, 이 빠지고 귀 먹고
수염과 머리는 허옇게 물든 채
돛배도 긴 기차도 정기 여객선도 그려볼 수 없다

내 유년의 옷섶에
굵은 느티나무처럼 자라나 있는
마음 속 외갓집 동네
농부들, 목수들, 석공들
삯바느질하는 시골 마을
대지에 묻어나던 어머니 품,
흙의 내음이 나를 부르고 있기에

군고구마

오븐 안에서
햇살이 스미지 않아도
알맞게 익은 민심

굽는 이와
굽히는 이는 앞니를 마주보며
씨익 살구 빛으로 하나가 된다
흙속에 묻혀있던 맛은
대지를 벗어나야 부드러워진다

군고구마는
옹달샘에 씻은
가녀린 목을
길게 내밀고서

황토색 농부의
사랑을 찔러본다

수국 페스티벌

태종사太宗寺 경내에선
흙이 꽃으로 피고 싶다
수국은 하얀 꽃대 위에
물결 같은 기와집을 짓는다

이어 해변의 여름은 오고
흔들리는 하늘에
파랗게 냉담한 빗물이 일렁인다

둥근 해파리들의 지상 웃음
꽃은 힐링healing의 돗자리를 깔고서
부산의 여름 햇살은
태종대에서부터 태어난다

용수 포구

– 임호 화백 탄생 100주년

바라만 보아도
그림이 되는 바다
제주의
서쪽 끝으로

45세의 중년 신사
화구를 들고 찾아 온
수선화 같은 남자

설레는 파도에겐
스스로 풍경이 되어주고
해안가 밟은 돌들은 말이 없다

햇살 깊던 파스텔
빛이 바래도 …
서녘의 황혼은
캔버스 위에 그려진
용수 해녀의 소금기 묻은
가르마

죽령

죽령의 정점에 서니
소백산맥의 높은 비로봉이
이마 위에 도탑다

발 벗고 평상에 올라
도토리묵 한 사발 받아드니
울릉도의 명이^{茗荑}는 아니나
산나물 생채 한 그릇 비비고 싶구나

경상도 등지고
단양으로 돌아서니
로스 안데스 산맥을 넘어
칠레로 가는 길이
저으기, 여기에 있었구나

지나온 길 급경사 …
남은 길은 완만한데
8월의 더윗길 적송 숲이 드리워져
죽령엔 대나무 한 그루
반길 데 없어도 넘는 이의 절개를
의연하게 하는구나

차라리 오늘처럼
희방사와 연화봉을 넘고 보니
송림에 묻힌 대장부의 심사가
능선에 부는 바람보다 훨씬
옛 선비를 닮아 있구나

＊비로봉 : 소백산정상 1440m
＊명이(茗荑) : 신선초, 산마늘이라고도 불림

이기대二妓臺 조망

바다 저편에
도시가 건재하고
도시 위론
하늘의 강이 흐른다

찔레꽃이 기어오르는
송림 계곡엔
까치가 날개를 저어
수평선 아래 돛배가 졸고

물결에 닿은 긴 반석 끝으로
알 수도 없는 어부는
나름 발을 옮긴다

던지는 투망 속에는 고기들이
많이 잡혀 오르면 좋으련만

을숙도

– 신학대학원 동기 Lee내용 형을 생각하며

낙동강 하구는
내가 상심의 바다에서 만난
이상적인 강이 아니던가
확신의 교회당 터에 서면
이윽고 만나게 되는
역설의 그리스도

어떻게 살면 좋으냐고 물으면
어린물떼새와 쇠제비갈매기는
열정을 촉발한다

을숙도를 바라보면
남해로 흘러드는 물결조차 조요照耀하고
내면을 비추는 거울이
더욱 선명해진다
그러나, 을숙도엔 지금
을숙도 아지매가 없다

「을숙도 아지매」 문헌만 남고
을숙도 아지매는 북미로 떠났다

2019 기해년

선한 쌍두마차

지상의 목자들은
돌볼 양이 있고
양떼들은 안식할 우리가 있지만
순례자들은 돌아 갈 집이 없네

이제 집이 없는 사람들은
천국에 집을 짓고
가족이 없는 사람들은
천국에 올라 가족을 찾는다

교회엔 집이 없네
교회엔 가족이 없네
그대는 상실한 사람들 위해
어느 곳에 집을 지으며
어디메서 가족을
찾아주려 하는가?

잠시 흔들리던 바람에
신경 거슬리며 …
잠시 어두웠던 상처에도
뿌리의 근육이 아팠던

한 해의
마지막 석양을 지우자꾸나

새해엔 황무지의 등 따가운
햇살을 막아주며
무심코 그늘 안에서 쉬고 있는
누군가를 지켜주자꾸나

그대와 나는
사마리아 선한 쌍두마차가 되어
　　집이 없는 사람들에게
　　가족이 없는 사람들에게
인공지능 보다 더 가까이
믿음직한 소통이 되어 주자

하나님은 다가올
새 날들에도 변함없으시리니
웃음 가득한 시대의 새 아침에
쌍두마차 교회가 되어주자꾸나

*CORAMDEO.COM 2019년 신년게재

2020 경자년
신년의 아침

말없이 맞이하는
눈부신 1월을 보세요
어제 오갔던 길이건만
오늘은 새 길이 됩니다

지나간 날은 기억 속에 얼어붙고
새해는 눈 내리듯
시간이 펄펄 녹아내리며
1월의 농토에 봄을 심겠습니다

해마다 다시 태어난
베들레헴의 아기 예수는
아픈 절망을 넘어 생명으로
자라납니다

1월 청명한 아침의 햇빛은
차갑게 솟구쳐 날아오르고
겸손한 저음으로 노래합니다

새해에는 깜빡 잃어버렸던
기도의 언어를

따스한 온도계에 눈 맞춰
찾아내렵니다

입술에 발린 말이 아닌
서로가 약속하듯
희망의 심장을 경작할 수 있도록
하얀 귓불들 어루만지며
나의 가족을 위해 –
내가 속한 교회를 위해 –
꿈꾸는 아침밥을 지어
올리겠습니다

* CORAMDEO.COM 2020년 신년게재

시간이라는 선물

한 해의 정점에까지
마지막 날짜가 이를 때
시간은
마음에 얼어붙은 강물을 쪼개는
시퍼런 도끼를 들고 찾아옵니다

동지에서 바로
정월로 갈 수 없습니다
미래는 결코 짐이 되지 않지만
현재 시간의 연속된 얼굴

하나님은 똑 같은 하늘빛으로
현재의 시간을 선물로 주십니다
세상은, 모래알 시간을 캡슐에 쏟아
흘려보내나 …
우리의 자녀들은 그분의 영광을 위해
그분의 나라에 다시 드리고 있습니다

_____

＊CORAMDEO.COM 2021년 신년계재

2022 임인년

새해맞이

보라, 동지를 지나
새로운 태양이 다시 떠오르듯
그렇게 새해新年는 예습한 후에 오리라

그렇게 밤 깊은 위성이 삼백예순
여 날의 내면이 지나야 하듯
우리에겐 저 한 별이 전해준
하늘의 기쁨이 있기에
새롭게 솟는 해年는 태양 둘레를 한 바퀴만
돌아와도 부족해하지 않으리

올해도 어김없이
육신이 되신 아기는 탄생하고
우리는 이웃에게 부형父兄이 되고
서로의 미소가 되어
새 소식이 되어 준다

겨울나무는 앉아서 기도하지만
나뭇가지는 언제나 비상하고
새해가 밝아오면,
비둘기 날갯짓과 나무들의 발목은

더욱 굳세어지리라

대지는 춥고 삭막해도
세상은 동쪽 끝에서 서쪽 끝까지
장작불 희망을 부르고 있다

＊CORAMDEO.COM 2022년 신년게재

2023 계묘년

신년 기원

I
어제와 오늘이 다르듯
신년에 '굿모닝'

지난해歲의
슬픈 기억 앞에서도
새 문을 열어주는 1월의 언어
무덤 위에도 푸른 하늘은 흐르니
그렇게 산정을 향해
관용을 열어 놓으십시오

토끼는 뛰어오고
거북이는 걸어오고
사람은 표지석으로 서 있어도
신년을 맞이하는 시간은 일반
아무도 시간을 거스를 수 없습니다

어제와 오늘이 다르듯
오늘 신년에 '굿 이브닝'
공평한 새해 첫날에
누구에게나 여벌은 없습니다

Ⅱ
신년은 어린아이들의 눈빛
철난 어른들만 나이를 먹는
허리가 굽은 12월에
유년주일학교 어린이처럼
흰 도화지 위에 기도문을
써 내려갑니다

멍든 이도
다친 이도
기분 좋게 노래하는 이도
그것이, 정치이든 행정이든
그곳이, 일터이든 병실이든
연하장에는 마음 편히 근하신년謹賀新年

인내의 햇볕은
뜨겁게 내리쬐리니
지나간 검은 물결도
넓은 품안에서 줄기줄기
흐르게 하십시오

━━━━━━━━━
＊CORAMDEO.COM 2023년 신년게재

깨끗한 기쁨

이처럼 크게 자라시어
한평생 허물없이
필라델피아 제일 동산을 키우셨네

길고 긴 세월
성역 45년간 -
살아서 충성, 죽어서 영광으로
천년을 하루같이 살라던 은혜로운 목자시여
비가 오나 눈이 오나
바람이 부나
사명을 목숨보다 중히 여기신
하늘의 사도 김만우 목사님 -

필라델피아 제일 제단을 섬기신지 30 성상 동안
먼 세월에 기름 부으셨네

하늘의 천사도 흠모하던
백인과 흑인과 인류 구원의 메시지
포토맥 강가에 울려 퍼지고,
한결같은 광야목회로 성도를 키우셨던 …
중보기도 시간을 기억하며

시온성과 같은 필라델피아의 역사를 바라봅니다

교회는 이 땅의 희망이라 가르치고
젊은이들에게 교회의 미래가 있다고 설파하시던
그윽한 목자여 –
영혼의 속까지 들여다보시며
교회당 문 바깥까지 바래다주시며
치유해 주셨던 믿음의 아버지여 –

언제나 투명한 말씀으로
금시 숨김없이 내어주시고
성도들의 이야길 끊임없이 들어주시던
당신의 속사람을 사랑합니다

참다운 스승의 모습으로
입으로만 가르치지 않으셨고
성도들은
당신 곁에 서는 것만으로도 배웠으니
늘 새롭게 거듭나는 주일이 기다려졌었네

변두리의 무게가 가볍지 않도록
중심의 무게를 양보하셨던
균형 잡히신 멘토, 자애로운 요엘이시여 –

이제 때가 되어,

당신의 뒷모습이
봄볕에 춤추는 하얀 옷감처럼
홀가분한 마음, 깨끗한 기쁨으로
정들었던 강단을 내려서시렵니까?

그 삶의 행적들 오늘에사 펼쳐보며
거침없이 증거하셨던 목자의 나팔소리,
제자 훈련,
성도 사랑,
가족 모델,
한 알의 밀알이 썩어
올곧게 교회 일로 동분서주했던
교회의 박사여 –

하나님의 종으로 생색내지 않으셨고
가는 곳마다 필라델피아 제일 성도들을 자랑했던
친밀한 지도자, 우리의 목자시여 –
사람들은 말하길
젊으면 다 좋다하지만
뉘라서 이 자리 채워주시겠습니까 !

오늘 깨끗한 기쁨으로
그 강단 내려서시네
주님 앞에서
환희와 감사로 면류관을 받으시고,

강단 제복의 푸른 단추를 풀고
열정의 옷을 벗어
제 2대 엘리사에게 입혀주시네

저들 위한
큰 일들은 아직도 남았으니
성령의 바람에 돛을 달아
목자의 남은 생애가
아름다운 백향목 사랑으로
우리에게 그림자 지어 주소서 !
우리에게 그림자 지어 주소서 !

*note: 김 목사님과 지은이와의 관계는 지은이가 고등학생 시절부터 SFC를 통
한 신앙의 교훈을 받았고 목회와 해외선교 파송 이후 오늘까지 월드미션과 신
학대학에서 그리고 학문과 형제 교제를 주고받았던 아름다운 사이이다.

카누에서 맞이한 그분의 선견자先見者

최세균 목사(시인, 한국 크리스천문협회장)

1. 저자는 누구인가?

그는 누구인가?

그는 카누에서 주님을 맞이한 그분의 로에(Roeh 선견자)이다. 윤춘식 박사, 그의 사역은 다양하고 진지하다. 해외 선교사와 아신대학교 교수, 목사와 문인의 네 사역을 따라 어느 하나 부족함이 없다.

선교사로서 머나먼 남미 대륙 아르헨티나의 오지 인디오 선교에 30대 이후를 바쳤고 신학대학원과 해외 대학에서 학문적 깊이를 유감없이 펼쳤다. 그리고 이미 6권의 시집을 상재하여 시인으로서의 위치를 확고히 하였고 평론가로 등단하여 명실공히 한국문단의 거목으로 우뚝

섰다. 뿐만 아니라 설교자로서의 전국적이며, 전 세계의 87개국에서 복음을 증거한 활동들, 동시에 에스겔이 체험한대로 쉼 없이 탐색하는 비상한 바퀴처럼 그야말로 일인 4역의 환상적 움직임이라 할 만 하다.

그의 삶에는 내밀한 힘이 있다. 그 내밀한 힘이 카누에 오신 성자를 모시고서 어디든지 성자와 동행하는 종의 위치에 선다. 필요할 때마다 폭발적 힘을 발휘하여 카누에 오신 성자의 수종자로 서게 하는 그 힘이 설교가 되고 시가 되고 저술이 된다. 그의 눈은 언제나 통찰력으로 빛난다. 에스겔이 본 바퀴에 눈이 가득하여 만물을 통찰하듯─ 네 둘레로 돌아가면서 눈이 가득하듯(겔 1:18). 이번에 발행하는 제6시집을 비롯해 지금까지 발표한 600여 편의 모든 시작詩作들과 연구 서적들은 모두 그 통찰력의 산물이라 할 수 있다.

윤춘식은 하루아침에 태어난 시인이 아니다. 중 · 고교 시절 감수성이 절정에 달했던 시기 꾸준히 문예반 활동을 하면서 문학적 소양을 연마하였고, 그 성실성과 실력을 인정받아 중 · 고 6년간 문예특기 장학생으로 학비 감면 혜택을 받으면서 공부할 수 있었다. 고2 때는 문예부장을 지내기도 했다. 고신대학시절에 벌써 대학 후배 전광식(前 고신대총장)을 비롯해 동인들과 함께 미션 시화전을 열었고, 기독교 문학의 토대 없던 보수 교단의 척박한 풍토 속에서 〈로뎀 문학회〉를 창립, 초대 회장을 맡으면서 스무 명의 동인지까지 낸 바 있는 그는, 신학도로서 비전공이었던 대학원 진학 준비를 하는 과정에서 거의 불가능하다는 시험에 합격하는 쾌거를 이루었다. 그는 문학교육론에 관심을 두었다. 이는 한국문학은 물론 특히 현대 시학에 관한 이론적 정립을 위해 기울인 학문적 노력을 인정받은 결과였다.

그러한 그가 고신 총회로부터 해외선교사 파송을 받고 순수문학에서 멀어진 긴 세월을 복음증거와 함께 보내게 된다. "아마도 … 제가 해외선교에 파송 받지 않고 한국을 떠나지 않았다면, 지금쯤 더 좋은 작품이 이뤄졌으리라 상상해 봅니다." 그가 술회하는 것처럼 오직 문학의 길만 걸었다면 어찌 되었을까? 문단의 족적이 더 뚜렷했을 것이고 독보적 문학가로 세워졌을 것이라 짐작해본다. 하지만 『카누에 오신 성자』와 같이 낯선 대륙의 현장감 있는 시집은 탄생하지 못했을 것이다. 그래서 그는 말한다.

> 해외 선교지에서 언어와 미션 사역에 사투를 벌이는 분주한 가운데서도 … 시를 외면하지 않고 틈틈이 썼다는 것은 저에게는 축복이자 기적이었습니다.

그 축복과 기적으로 카누에 오신 성자, 그 신비로운 감동은 이제 한 권의 작품집이 되어 저자의 것만이 아닌, 우리 모두의 풍경이 되었다.

2. 그는 어떤 시인인가?

그가 맑고 밝고 뚜렷한 이미지들을 구사하는 측면에서 보면 다형, 김현승 시인을 닮았고 동양적 관조의 세계를 형상화하는 작품세계를 보면 정지용 시인을 연상케 한다. 윤춘식은 고향 산천에서 겪었던 유년의 기억을 뿌리로 하여 진지한 윤리적 휴머니즘을 시학과 신학의 접목으로 형상화한 인류문화시인이다. 그의 시작품들을 중심으로 정돈해보면, 첫째, 하나님의 관점에서 세계를 보는 시인 둘째, 크리스천 공동체적 과제를 고민하는 사역자 셋째, 선교실천을 우선하며 현장의 영혼을 먼저 생각하는 목자라고 말할 수 있을 것이다.

이를 위해 그는 고전적 교양과 현대 문예이론의 성찰 그리고 정서의 훈련을 계속한다. 그러던 중 언어에도 결이 있다는 것을 발견하고 그 결을 순순히 따라가는 시 쓰기를 하고 있다. 그가 삶의 텍스트로 삼게 된 성경의 시편은 신학을 공부하면서 접한 감흥의 모델이었고 세계와 인생 그리고 문학을 통해 삶을 해석하는 렌즈가 되었다. 다음은 구약 시편에 대한 그의 해석이다.

시편에는 저자들이 하나님을 찬양만 했던 것이 아니었습니다. 이스라엘 공동체의 찬양은 물론 탄원, 감사, 메시아에 대한 기다림, 고난과 저주, 지혜 등 참으로 다양한 장르들이 담겨 있습니다. 그들은 열강에 둘러싸여 지리적으로 불리한 가운데 침입, 지배당하면서 영육이 갈급함에 처해 있었습니다. 나아가 종교

적 탄압도 말할 수 없을 정도로 컸지요. 내지르는 이스라엘 백
성들의 비명 속에서 저는 '고난의 정체'에 대해서 묵상할 수
있었습니다. 그러나 시편의 진정한 매력은 고통이 아니었습니
다. 이스라엘 공동체는 현실의 고통 가운데 탄식하면서도 하나
님께 전적으로 의지하게 되었고 결국 찬양과 감사로 이어지는
것을 보면서, 이것이 저로 하여금 삶과 신앙과 자연을 재조명하
게 했습니다. 특히 고난 속에서도 결국에는 하나님을 찬양했던
다윗의 삶에서 상황을 관조하며 시편을 읊조렸던 넉넉함, 다윗
의 이러한 격조 있는 신앙과 기록의 문화는 저에게 세계와 인
생 그리고 문학을 통해 삶을 해석하는 렌즈가 되었습니다.

(2003년 들소리 문학상대상 수상 인터뷰에서)

그는 시상詩想의 원천을 묻는 질문에 이렇게 답했다.

시인들마다 시적 영감과 발상을 떠올리는 매개물이 다릅니다.
독일의 유명한 극작가이자 시인인 실러는 상한 사과 냄새를 맡
고서야 시를 썼다고 합니다. 그의 서랍 속에는 언제나 부패된
사과가 들어있었다지요. 칠레의 파블로 네루다는 시를 쓰기 전
먼저 손을 씻었다는 에피소드가 있답니다. 하지만 저의 경우 감
각보다는 고향 산천에서 겪었던 유년의 기억이 마음속에 크게
자리 잡고 있습니다. 푸르른 고향의 강산과 산하, 언덕과 숲 등
행복했던 유년의 필름에서 시가 출발합니다. 단 이러한 기억에
의한 시작詩作이 관념에 빠지지 않도록 유의하고 있습니다.

아르헨티나 북부에 현존하는 토바Toba족 인디오들의 모
습에서 젖어오는 고향의식이 그대로 시적 이미지로 견인

되는 삶, 그는 한국문단에서 항상 타민족을 향한 '문화의 화해자'로 소개된다. 그의 시에는 인디오 문화에 대한 명상과 통찰이 배어난다. 그런 의미에서 그는 인류문화 시인이다.

3. 그의 시는 무엇을 노래하는가?

(1) 카누에 실려 오는 구원의 노래

'카누' 하면 수상 스포츠용 빠르고 멋스러운 유선형 배가 먼저 떠오를지 모르지만, 열대우림 원주민들에게는 밀림을 헤치고 고단한 삶을 나르는 삶의 일환이다. 때때로 고깃배도 되지만 파나마 정글 오지에서는 물살이 거센 상류와 평화로운 하류를 오르내리는 이동수단이 된다. 나무껍질이나 짐승의 가죽, 또는 갈대나 통나무 등으로 만든 다분히 원시적인 작은 배로 시작하여 지금은 모터를 장착한 현대식 교통수단이 되었을 이 카누를 바라보는 시인의 마음은 애틋하다. 16세기 스페인 침략자들에게 삶의 보금자리를 빼앗기고 숨을 곳을 찾아 들어와 모질게도 살아왔던 정글. 이제 500년이 훌쩍 넘어 정글 속의 강을 끼고 생활의 수단으로 살기 위해 만들었을 그들의 카누가 어느 날 예배당 지을 흙과 모래와 철근을 싣고 강을 건널 때 그것이 현실에 흐르는 십자가의 눈물로 보였으니.

엠베라 갈릴레아 공동체는
별빛처럼 평안하네

풀잎 하나라도
저들의 것이 아닌 게 없건만
침략자들에게 빼앗긴 땅에
숨을 곳은 거친 정글밖에 없었는가

수십 미터 나무들의 키와
아름드리 안을 수도 없는
열대식물의 근육이며
수십 길 얽히고설킨 밀림의 신경들 …

엠베라 부족민이 모인 성전
블로크 벽을 지나 모퉁이엔 돌이 없구나
거기 견고하게 놓인 땀과 단단한 노동력
부족민 형제들이 카누로 마른 흙을 실어 나른
단순한 도강에
흐르는 십자가의 눈물

정글은 열대에서 숨 쉬는 보화
문을 두드리면
찾는 자의 눈동자에 열리는
초록의 열매와
흑갈색 근육의 뿌리와
자연으로 입고 마시는 무공해 창고

카누를 타고서
발사강 물길 넘어 모터소리 번지면

인디오의 영혼에 거듭나는 메시아의 자비심
하늘에는 별들이 반짝이고
창공에는 더운 공기 흐르지만
지상에 외로이 살아있는 순례의 마음엔

흰 물결에 젖은 별빛이
촉촉하게 카누의 목적지를 비춰주네 〈1만남, 카누와 별빛〉 전문

　열악한 만큼 쌓여있을 원주민들의 땀과 눈물을 싣고 사
나운 환경과 싸워 온 카누. 살기 위해 그들은 강물 위에
서 더 거칠어야 했을 것이다. 밀림속 강물을 헤치며 달려
오는 카누의 모터 소리가 오죽하면 사납다 했을까. 사납
지 않고는 살아남을 수 없었을 것이다. 그리고 그 소리는
또 하나의 장치가 된다. 모터소리처럼 치열하게 살아가
는 사람들을 위하여 부활을 대신하는 종소리이다. 그 언
약의 소리는 적도를 지나 열대의 강물을 거슬러, 작은 카
누에 찾아오신 성자 예수의 모습으로 환치된다. 이 은유
로 말미암아 어둡던 정글이 환해지고 초라한 카누가 휜
칠해지는 걸 본다. 화이트 가문비나무처럼.

고난 받은 하루
뼈저린 창 자국 상처가 저물면
아리마대 요셉은
무덤을 정돈한다

누구도 머물고 싶지 않은 캄캄한 돌무덤에

환한 수의를 입은 유대인 청년
갈기갈기 육신이 어그러져도 삼일 만에
다시 일으킨 핏빛의 기적

천사들이 돌문을 열었던
여호와의 아들이 무덤에서
깨어난 부활의 아침이여

고통의 주간이 지나면
영광스런 교회 헌당의 새 시대 구령 …
엠베라 부족민은 카누를 타고

파나마 가장 동쪽
발사강ㅗ 거슬러
갈릴레아 공동체로 올라가고 있었다

섭씨 41도 살갗을 태우는 정글엔
낡은 카누의 모터소리 사납게 울려
부활의 종소릴 대신하네

뜨거운 정글 땅끝까지 선포된 언약은
복음을 위해
동역을 위해
화이트 가문비나무처럼
세마포에 생명으로 물들이셨네

적도를 지나

열대의 강물

작은 카누에 찾아오신 예수 〈1만남, 카누에 오신 성자〉 전문

작은 카누가 떠 있을 강가에는 수영을 하는 아이들이 보이고, 파나마의 발사강 강변으로 빽빽한 숲을 날아다니는 화려한 산새들이 손에 잡힐 듯 정겨운 곳이다. 습도가 높은 만큼 높게 자라는 나무들과 날씨가 더운 만큼 시원한 그늘이 있는 곳, 초록 열매가 익어가고 흑갈색 근육의 뿌리가 자라는 그 곳을 윤 시인은 '무공해 창고'라 썼고 '숨 쉬는 보화'라 노래했다. 그곳이 비록 다리엔 갭(파나마와 콜롬비아 국경지대의 간격)이라 부를 만큼 험한 산과 늪의 사각지대로서 반군세력들, 밀수꾼, 마약생산자 강도, 도망자들의 은신처로 만신창이가 되었다지만, 시인은 카누에 오신 성자를 통하여 그곳 전체를 부활시키고 있다. 그곳 인디오의 영혼을 노래한 〈달과 카누〉에서는 그들을 '아무도 억누를 수 없는 영혼'이라 했고 '인디오의 서러운 강물엔 눈도 내리지 않는다'고 읊조렸다. 윤 시인은 인디오, 그들의 얼굴에서 격조를 보았고 그 격조가 달빛 속의 카누를 닮았다고 비유했다. 카누에 실려 온 구원의 노래가 아닌가!

영혼을 사랑해 보았는가?

인디오의 영혼은 아무도

억누를 수가 없다 어둠마저도 …

카누에 부딪치는 저 물결
부서지고 부서지고
발사강에 들국화송이처럼 별빛 튄다
인디오의 서러운 강물엔
눈도 내리지 않는다

풀잎 하나에도 파편은 있어
인디오의 열정이 들꽃 속에 휩싸이고
토양 한 줌에도 그루터기는 살아있다

하늘은 달무리로 돋아나
강물엔 카누만이 따가운 여름밤을 흐른다
너그럽게 물거품을 내어미는
달빛 속의 카누
격조 높은 인디오의 얼굴 〈1만남, 달과 카누〉 전문

그의 시가 노래한 첫 번째 담론은 구원이다.

(2) 장엄한 안데스산맥 현장의 노래

안데스산맥은 그 길이가 무려 7,000km에 달하는 지구
상에서 가장 길게 뻗은 산맥의 이름이다. 남아메리카 서
부 해안의 가파른 산등성이를 따라 남쪽으로 평균 고도
4,000m를 자랑하며 베네수엘라, 콜롬비아, 에콰도르,
페루, 볼리비아, 아르헨티나, 칠레 7개국을 아우르고 있
다. 이 거대한 산맥에는 생태계의 생존하는 것들이 많다.
그 중에 비탈진 산지의 노래 소리가 있는가 하면, 햇빛으

로 반사되는 묵직한 우수^{憂愁}의 소리도 있고 너르고 긴 고
원의 울음소리도 있다. 더욱이 안데스 설원의 빙상이 녹
아내리는 기후변화의 위협과 탄식이 들려온다. 소리의 주
인공들 가운데 눈길을 끄는 화자는 당연히 사람이다.
1,600미터 고지보다, 황금이슬이 맺힌 태양의 나무보다,
하루 us4$를 벌려고 까페콩 대신 가지 끝에 매달린 아이
들, 그 현장의 노래는 장엄하고 숙연하기만 하다.

야마, 과나코가
좁고 비탈진 산지 농장의 노래라면
비쿠냐, 알파카는 너르고 긴
고원의 울음소리

안데스산맥 인디오의
가파른 가르마엔 우수^{憂愁}를 빚는
목장의 묵직한 소리들이
햇빛으로 반사된다 〈2만남, 미완성 안데스 1〉 전문

소년은 자신 보다 더 소중히
까페나무 뿌리를 밟으며
까페 콩을 따고 있음을
기억하라

그런 경건한 땀방울이
원두에 배어나 까페의 잔이
더 향기로움을 잊지 말라 〈2만남, 까페 나무 1〉에서

황금이슬 맺힌

신비한 태양의 나무에

금빛 피부를 가진

아이가 목을 매고

나뭇가지 끝엔

까페콩 대신

황금 캐는 아이들이

줄줄이 매달렸네 〈2만남, 까페 나무 2〉에서

안데스산맥, 헤아릴 수 없이 많은 생명체들이 이 산맥의 품에 안겨 산다. 그중에는 이름 모를 꽃도 있고 나무도 있고 별도 있다. 꽃들 중에는 소경이 없다고 그는 노래한다. 맑은 눈 오롯이 열어 눈동자로 노래하는 모습이 선연하다. 그러한 꽃들이 밤에는 별이 되고 하늘을 밝히고 그 별빛의 조명을 받으며 정글에 묻혀 사는 형제들을 위하여 올릴 수 있는 기도는 애처롭게도 추워하며 살게 하소서였다. 이불 얇은 자의 시린 마음을 잊지 않기 위해서다.

엠베라 부족의 서러운 정글에서는 더워하며 살기를 기도했는데 안데스 고지의 쌓인 눈 속에서는 추워하며 살기를 기도한다. 그리고 아멘의 칼날을 갈기 원한다. 쉽게 터져 나오지 않는 아멘의 현장이기 때문이리라. 현장은 언제나 이처럼 엄중하고 삭막하다. 긴장을 늦출 수 없는 현장 가운데 안데스산맥이 숨 쉬고 있으며 그 현장을 지키는 비결로써 기도를 택한다. 윤 시인은 마침내 주님의 뜻이 이루어졌음을 알게 해 달라고 간구한다.

나는 비상구 쪽으로 갑니다

천국 창고를 여는 열쇠는
내게 맡기셔도
기도하는 노동을 통해
우레와 같은 찬송이
우러나오는 단단한 숫돌에
아멘의
칼날을 갈게 하소서 〈2만남, 열대에서의 기도 1〉에서

아버지여
추워하며 살게 하소서
이불이 얇은 자의
시린 마음을
잊지 않게 하시고

돌아갈 수 있는
몇 평의 방을
고마워하게 하소서 〈2만남, 열대에서의 기도 2〉에서

그의 시가 노래한 두 번째 담론은 선교 현장이다.

(3) 슬픔이 빚어낸 기쁨의 노래

슬픔이 과연 기쁨을 낳을 수 있을까. 시인은 슬픔 속에
감추어진 기쁨을 보았다. 그래서 슬픈 망고가 낳은 기쁜
망고를 선보인다. 그가 6년 터울의 지난 다섯 번째 시집

『슬픈 망고』에서 망고는 스스로 익을 수 없는 슬픔이었다. 굳은 몸 시퍼런 피부를 후려치는 아픔을 감내해야만 익을 수 있었고, 태양의 빨랫줄에 걸려 운명인 양 대지의 열기를 견뎌야 하는 슬픔의 존재였다. 그늘처럼 우뚝 선 심장으로 누군가의 뜨거운 밥이 되어야 하는 그 슬픈 망고에 은하수 줄기가 내려와 별무더기 꽃으로 피었고, 햇살이 내려와 가지 끝 푸르런 희망, 화려한 제왕의 기쁨이 되었다.

간밤에
은하수 줄기가 내려와
화급한 별 무더기
망고꽃이 피었네 〈3만남, 기쁜 망고 1〉에서

적막한 숲에서 깨어나
어쩌다 문명을 맛본 이후
세상 제왕의 가슴 위에
올려진
화려한
기쁨이 되었네 〈3만남, 기쁜 망고 2〉에서

기쁨을 빚어내는 슬픔의 열매, 망고는 어떤 과일인가? 한국 사람들이 유난히 좋아하는 열대 과일 중 하나다. 일본에서도 기호도가 높아 언젠가 도쿄에서 '태양의 타마고(알)'라는 망고 2개 값이 40만¥(한화 약 410만원)으로 경매장에 나왔다는 정보도 있다. 누군가에게는 기호식품으로 회자되는 맛의 과일, 실과 중의 여왕. 그러나 누군가에게는 생계가 걸린 밥이요 일상의 벌이었기에 슬픔이었다. 그리고 거기서 다시 얻어내는 선물로서의 삶, 곧 기쁨이었다. 이 슬픔과 기쁨은 탈문명의 메시지를 담고 보다 처절한 명암으로 작동하고 있다. 페이지 없는 역사책이 되어 새들의 둥지가 되고 천국이 되어.

열대 정글의 망고는
자연 은총입니다
망고는 페이지 없는 역사책
그것은 인류입니다

망고가 정글 신문입니까?
망고가 그 나라 재림하는 환상입니까?
고급 경매장에 나온 붉은 태양의 알卵입니까?

열대의 망고는
인디오 가족들의 밥상입니다 〈3만남, 망고의 철학〉에서

망고는 꽃필 때
열정의 설렘을 어찌할 줄 몰라
평생
한 번 절정에 오른다 〈3만남, 망고꽃〉에서

그가 노래한 세 번째 담론은 기쁨이다.

(4) 산에서 다듬은 믿음과 소망의 노래

윤 시인은 〈치악산〉에서 '산은 산 끼리 / 높은 뜻을 품고 산다'고 선언한다. 산으로 산다는 것은 외로운 일이고 산의 높이로는 험난한 길이지만 휘황찬란한 세상에 휘둘리지 않는다. 산은 존재하는 법을 알기에 산끼리 품은 높은 뜻을 그 무엇에도 빼앗기지 아니하고, 쓰러지지도, 사라지지도 않고 산으로 살아갈 수 있는 것이다. 여기서 높은 뜻이 믿음일진대 그 믿음은 당연히 산 같은 믿음이 되겠다.

산은 오르막이 있고 내리막이 있는 지형이다. 오르막의 정상에는 두 가지 명령어가 있다. "올라오라!" "내려가라!" 시인은 주목한다. 그리고 실행한다. 〈산행〉에서는 길을 만들어 오르고 〈산〉에서는 허리와 목을 굽히고 내려온다. 〈치악산〉에서는 가파른 등허리를 돌아 오르고 〈산정에 오르는 이유〉에서는 까맣게 익은 햇볕을 품고서 비로소 어른이 되어 내려온다. 그리고 〈산〉에서 고백한다. 오르며 내리면서 창조를 배우고 창조주의 품에 안긴다고.

산은 산 끼리
높은 뜻을 품고 산다
태백산맥의 전설을 일깨워
치악의 숭고한 꿩 한 마리
백두대간에 날고 있구나

가파른 등허리를 돌아
오르고 다시 오르는
수직 사다리 완고한 바윗길

거친 돌팍 위
암벽도 가지런히 두 무릎 짚고서
가쁜 숨을 몰아쉰다

스페인어 가능법의 어려운
불규칙 동사를 외우 듯
고지마다 리듬이 바뀌는
돌계단의 엇박자들 …

산그늘은 절벽 높이
말등바위를 점령하고
순례객 사무치는 발목 아래로
초여름 해가 지네 〈4부, 치악산〉 전문

허리를 낮추고
몸을 떠나 위로 쳐다보면
본향의 하늘은 높고 푸르구나

비로봉이 보여주는 것
하늘은 무척 높다는 것
산정은 손 내밀어
오를 자를 부른다

멀고 험한 낙타의 길에
모두들 내려가는 것을 배우라고 … 〈4만남, 치악산 비로봉〉에서

가슴속 다 토해 내고
까맣게 익은 햇볕을 품고서
비로소 어른이 되어
산정을 내려올 수 있으려니 … 〈4만남, 산정에 오르는 이유〉에서

정상에 오름만이
목적이 아니라
오르며 내리면서
창조를 배웁니다
창조주의 품에 안깁니다 〈4만남, 소백산〉에서

성경에서의 중요한 사건은 대부분 크고 작은 산에서 이루어진다. 노아는 아라랏산에서 무지개 약속을 받았고 모세는 시내산에서 십계명을 받았다. 산상수훈이 선포된 곳도 산이었고 제자들이 변화산 특별체험을 한 곳도 산이었다. 떨기나무의 호렙산, 십자가의 갈보리산, 언약의 시온산 … 성경에서 산은 여호와를 깊이 체험하는 장소이며 하나님을 향한 믿음과 구원의 상징이다. 시편기자는 산을 향해 눈을 들리라 했고(시 121:1) 여호와를 의지하는 자는 시온산이 흔들리지 아니하고 영원히 있음 같으며 산들이 예루살렘을 두름과 같이 여호와께서 그의 백성을 지금부터 영원까지 두르실 것이라 했다(시 125:1, 2).

평소의 산행과 강원도 명산의 등정에 삶의 철학을 담은 일련의 작품들을 통해 시인은 성경의 산에 안기려 했음을 알 수 있다. 그리고 뚜렷이 보여주었다. 올라가는 순종의 믿음과 내려가는 겸손의 믿음을. 그가 신의 섭리를 관조하며 노래한 산정은 그의 내면세계의 진면목이며 신관神觀을 형상화하고 있는 믿음의 시적 파토스Pathos라 하겠다.

이러한 감성적인 호소는 〈너도 바람꽃〉의 새싹을 바라보며 더욱 간절히 표출된다. 비록 짧은 시이지만 얼음 속에서 박차고 나오는 꽃을 대면하는 형식으로 인류가 코로나에서 벗어나기를 염원하고 있다.

너도 꽃이거늘
지나는 초혼의 봄바람이
허리를 굽히지 않고서야
어떻게 대면하리

험준한 죽령竹嶺 너머 동면의 어름골
순한 꽃술의 톱니로 자르고 뚫어
재난의 땅에 봄을 외치니

사람마다 면사포를 두른
절박한 호흡에도 겸허한 앞니를
지상에 피어 올리며
기도의 혀를 우슬초에 씻은
너 야생의 눈부신 제사장 꽃이여

우리가 지은 죄와 허물과

험난한 시국의 감염병을 네 봄꽃의

하얀 바람결에 죄다 실어가 주렴 〈4만남, 너도바람꽃〉 전문

그의 시가 노래한 네 번째 담론은 믿음이다.

(5) 그리움으로 만나는 문화인류의 노래

평생을 교육가이며 선교사로 헌신한 윤 시인의 문화인류학적 관점은 당연히 글로벌한 범위를 형성하고 있겠지만 그 뿌리는 고향과 어머니를 그리워하는 원초의식에서 비롯되고 있음을 본다. 다섯 번째의 만남에서 물새, 목화, 수국, 뻐꾸기, 단풍, 추석, 과원지기, 군고구마, 열무, 신년, 그리고 어머니 등의 소재가 말해 주듯이 그가 문화인류학적으로 그리워 한 대상들의 정서는 다분히 향토적이다.

시 〈어머니〉에서 그의 그리움은 '나이 들지 않는 품'이고 〈뻐꾸기의 노래〉에서 그의 향수는 '목을 간질이는 남은 노래 소리' 이다. '가지 끝 / 황토의 날개로 / 피어나는 / 그리운 나비 떼' 로서의 〈단풍〉이나, '유년의 옷섶에 굵은 느티나무처럼 자라나 있는' 〈시골의 노래〉 속에서 그는 그리움이 어떻게 문화인류학이 되는지를 보여주고 있다.

이제

어머니는 나이 들지

않으신다 〈5만남, 어머니〉에서

해 지는 숲 위에
저녁 빛은 다시 저무는데
뻐꾸기 남은 노래 소리
목을 간지럽힌다 〈5만남, 뻐꾸기의 노래〉에서

가장 우직한 껍질에서
가장 부드러운 의상을 토하는
흙과 씨앗의 자애로운 에너지

너희와 내가 세상에서
가장 질 좋은 면화가 되어
흙과 씨앗의 조화를 이뤄
공기 중에 강물 가운데 〈5만남, 목화송이 되어〉에서

계곡은 더 이상
푸른 빛깔로
질주하지 못하네
발목에선 어언於焉
단풍잎이 흘러내린다

가지 끝
황토의 날개로 피어나는
그리운 나비 떼여 〈5만남, 단풍〉에서

내 유년의 옷섶에

굵은 느티나무처럼 자라나 있는

마음 속 외갓집 동네

농부들, 목수들, 석공들

샅바느질하는 시골 마을

대지에 묻어나던 어머니 품,

흙의 내음이 나를 부르고 있기에 〈5만남, 시골의 노래〉에서

  한편, 소백산의 〈죽령〉과 태종대의 〈수국 페스티벌〉 등에서 보여주는 환희의 열린 정서는 그리움의 줄기가 세계화하고 있음을 보여준다. '경상도 등지고 / 단양으로 돌아서니 / 로스 안데스 산맥을 넘어 / 칠레로 가는 길이 / 저으기, 여기에 있었구나' –〈죽령〉에서

  경상도와 충청도를 오가는 발길이 안데스산맥을 넘어 칠레로 이어지는 인류적 발걸음, 어쩌면 이것이 문화의 본류이고 믿음의 행로가 아닐까 싶다. '태종사太宗寺 경내에선 / 흙이 꽃으로 피고 싶다 / 수국은 하얀 꽃대 위에 / 물결 같은 기와집을 짓는다' –〈수국 페스티벌〉에서

  꽃으로 피려는 흙의 기도소리가 들린다. 누군가에게 향기가 되어주고 싶고 어느 곳엔가 아름다움이 되고 싶은 소원에서 인류애는 출발한다고 본다. 그런 의미에서 하얀 꽃대 위에 물결 같은 기와집을 짓는 페스티벌이야 말로 문화인류학적 축제로 승화된 매우 탁월한 발상이며 지성의 이미지이다. 이 페스티벌은 〈신년의 아침〉에서

눈부신 1월이 되고, 꿈꾸는 아침밥이 되어 열대에서의
〈기쁜 망고〉와 이어진다.

말없이 맞이하는
눈부신 1월을 보세요
어제 오갔던 길이건만
오늘은 새 길이 됩니다

지나간 날은 기억 속에 얼어붙고
새해는 눈 내리듯
시간이 펄펄 녹아내리며
1월의 농토에 봄을 심겠습니다

희망의 심장을 경작할 수 있도록
하얀 귓불들 어루만지며
나의 가족을 위해 —
내가 속한 교회를 위해 —
꿈꾸는 아침밥을 지어
올리겠습니다 〈5만남, 경자년 신년의 아침〉에서

겨울나무는 앉아서 기도하지만
나뭇가지는 언제나 비상하고
새해新年가 밝아오면,
비둘기 날갯짓과 나무들의 발목은
더욱 굳세어지리라

대지는 춥고 삭막해도
세상은 동쪽 끝에서 서쪽 끝까지
장작불 희망을 부르고 있다 〈5만남, 임인년 새해맞이〉에서

그의 시가 노래한 다섯 번째 담론은 문화인류이다.

4. 그가 독자들에게 던지는 시적詩的 메시지는?

시어의 선택과 구성은 만물을 바라보는 심안을 통해 얻어지는 섬세함의 결과들이다. 그의 시에는 언어를 섬기고자 하는 명징한 이미지들로써 시적 완성도를 높이고 있다. 〈오로라〉에서 우주의 경이로움을 선사하며 천체서정이 찬탄으로 향상된다.

주위는 초록
다슬기 차림으로 불타오르고
나는 하얀 설원 위에 춤추는
따뜻한 복사꽃을 보았다

폭풍 속에 날아온 학鶴
족두리처럼 너울거리는
천사들의 영혼
완벽한 어둠을 몰아내고
꼭두새벽 이전에야 승전가
높이 부르는
불수레의 목소릴 듣는다 〈서시 1, 오로라〉에서

〈목화송이 되어〉에서도, 가장 우직한 껍질에서/가장 부드러운 의상을 토하는/흙과 씨앗의 자애로운 에너지/라고 목화(식물)를 관조하는 정교한 자각으로 일관한다. 비유와 이미지들이 이리도 선명한 까닭은 언어를 결코 가벼이 대하지 않고 성실하게 교제하는 저자의 섬김이 돋보이는 대목이다.

황무지 태양 아래서
하얀 솜을 틔우는
이름 없는 목화송이

가장 우직한 껍질에서
가장 부드러운 의상을 토하는
흙과 씨앗의 자애로운 에너지

너희와 내가 세상에서
가장 질 좋은 면화가 되어
흙과 씨앗의 조화를 이뤄
공기 중에 강물 가운데

세계와 십자가 너머
천만 영혼들 위해
무명옷을 지어주며
몸 바쳐 일할 수 있으면 … 〈5만남, 목화송이 되어〉 전문

〈히아신스〉와 〈가을은〉 그리고 〈물새〉에서도 언어를

섬기는 모습이 면면히 드러난다.

　　밤의 한 조각
　　어둠에 버려져도
　　낮의 한 조각
　　하늘이 달려와도

　　불같은 겨울
　　냉랭한 여름철에도
　　숨 막히는 아침나절
　　생명의 꽃은 피어나리 〈3만남, 히아신스〉에서

　　물새니까 그래
　　물새 둘이 주고받는 목소리가
　　교회당 종소리를 닮는다

　　너흰 어쩌면 그렇게도
　　목소리가 곱니?
　　햇살이 아직 부서지기 전
　　네 날갯짓 이념이 기도가 되었으면 … 〈5만남, 물새〉에서

　이렇듯 윤 시인이 전달하는 언어 의식의 시행詩行은 예사롭지 않다. 그가 독자들에게 던지는 가장 큰 시적 메시지는 언어를 섬기는 자세라 하겠다. 언어 앞에서 어떤 모습이어야 하는가를 누구보다 잘 아는 그는 늘 이 부분에서 절망하지 않으려 노력하고 있음을 본다. 이것은 그가

피력한 다음과 같은 말을 통해서도 잘 드러나고 있다.

시를 쓰는 일이 아득한 지난날의 기억이었으면 참 좋겠다. 어떻게 사람으로서 언어를 휘어잡아야하며 또한 시시때때로 강조도 해야만 하는 설교자도 되고, 동시에 언어를 졸졸 따르며 섬겨야 하고 언어의 결을 순순히 따라야 하는 시인이 될 수 있겠는가? 통상 설교자는 자기 자신도 모르게 〈우리〉라는 말에 길들여져 있다. 하지만 시인은 시 안에서 〈우리〉라는 말을 거의 사용하지 않는다. 시인은 자기 자신의 혼자만의 세계도 풀어내기 힘겹다. 내재율과 외형률에 있어 운율의 전문가가 되기란 더욱 어렵다. 더욱이 설교자라면 어떻게 궁극의 목적성 없이 설교문을 작성할 수 있으랴.

목사와 시인은 모두 언어를 통하여 의사를 표현하는 메신저이지만 양립할 수 없는 원리 앞에 서 자리를 잃을 때가 많다. 전혀 다른 언어사용법의 존재 자체를 인식하지 못하고 언어를 마구 쏟아낼 경우도 적지 않다.

그래서 많은 영성 작가들은 할 수 있으면, 시인들과 자주 만나라고 권유하고 있다. 우리가 성경의 선견자[roeh] 로에들이 시인이었다는 사실을 듣고 보고 자랄 수 있었던 것은 매우 다행한 일이다. 그들은 허공을 잡는 이상주의자들이 아니었다. 산문에서는 정보를 얻고 지식을 획득하지만, 시를 읽을 때는 전혀 다르다. 너무 서둘러 말하려하면 작가들은 왜곡하는 우를 범하기 쉽다. 그러나 시는 독서의 속도를 늦추게 하고 가끔씩 멈추게 한다. 다시 말하면 읽었던 시를 다시 읽게 만들고 다시금 의미를 곱

쉽게 하기 때문이다.

20대 초반에 꿈처럼 아련한 추억의 자리에서 의식의 가장자리를 맴돌게 했던 시들이 있다면서 윤 시인은 말한다. "어떤 장벽에도 막히지 않고 거침없이 달려가는 세월마저도 잠재우며 사명에 불타던 한 목사가 있었다. 그리고 모국어와 외국어에 집중하며 감성의 심전을 기경하고 서정의 이랑을 파던 시인도 한 사람 있었다. 어쩌겠는가? 아름다운 시어들이 활어처럼 펄펄 뛰며 살아있는 영성과 지성, 감성까지 다 구비해야 살아남을 수 있는 시인의 길을 정녕 나는 가고 있는가?" 길이 진정으로 같으면서도 같지 않은 설교자와 시인의 길, 이 고민의 끝에서 그가 던지는 질문은 곧 답이기도 하다. "그래도 가려 하는가?"

활어처럼 펄펄 뛰는 언어로써 구도자(목사)의 길을 가라고 딱히 말할 수는 없겠지만, 그래도 가야하는 길임을 아는 시인은 치열한 작시作詩를 결코 끊지 않고서 묵묵히 갈 수 있는 길을 찾아 시편의 잠재력 속으로 들어갈 것이다. 성경 속 시편에 관한 윤 시인의 다음 말에 귀를 기울여 보자.

3천년 동안 시편에 미술이 동반되지 않음을 기이히 여기지 말라. 히브리어 시에 그림이나 사진이 없음은 당연하다. 시편의 로고스에는 이미 찬송하며 예배하는 내면의 이미지들로 가득하다. 그대가 시를 짓는 예배자라면 본서의 독서 중 시인이라는 말을 발견하지 못할 것이다. 시는 언어의 승부일 뿐 이름 앞뒤에 붙어 다니는 붙박이가 아니다. 그렇지만 시편은 히브리인이 노래하는 소망의 가치이자 신앙고백적인 가사이며 삶의 운율이다. (그의 저서, 『시편의 표현과 이미지』 예영 커뮤니케이션 2022에서)

그가 독자들에게 전하는 시적 메시지로서 여운이 있기에 옮겨 놓는다. 그는 시편을 가리켜 '노래하는 언어'라고 정의한바 있다. 해설자가 금번 제6집의 작품들을 읽으면서 그를 향해 시적 선견자라 부르기에 주저함이 없다. 오랫동안 슬픔의 망고와 기쁨의 망고 사이에서 진자 운동을 노래한 그가 다음엔 어떤 망고를 선보일지 기대해 본다.